《平等、参与、共享：新中国残疾人权益保障70年》
解读

中国残疾人联合会 ◎ 编

图书在版编目（CIP）数据

《平等、参与、共享：新中国残疾人权益保障70年》解读/中国残疾人联合会编．
——北京：华夏出版社有限公司，2020.1

ISBN 978-7-5080-9836-4

Ⅰ.①平… Ⅱ.①中… Ⅲ.①残疾人–社会福利事业–研究–中国 Ⅳ.①D669.69

中国版本图书馆CIP数据核字(2019)第170450号

《平等、参与、共享：新中国残疾人权益保障70年》解读

编　　者	中国残疾人联合会
责任编辑	黄　欣　卫清静
出版发行	华夏出版社有限公司
经　　销	新华书店
印　　刷	三河市少明印务有限公司
装　　订	三河市少明印务有限公司
版　　次	2020年1月北京第1版 2020年1月北京第1次印刷
开　　本	720mm×1000mm　1/16
印　　张	12.25
字　　数	120千字
定　　价	36.00元

华夏出版社有限公司　地址：北京市东直门外香河园北里4号　邮编：100028
　　　　　　　　　　　网址：www.hxph.com.cn　　　　　　　　电话：(010)64618981
若发现本版图书有印装质量问题，请与我社营销中心联系调换。

目录

第一部分 《平等、参与、共享：新中国残疾人权益保障70年》
  全文 ·· 001
  前　言 ·· 003
  一、残疾人事业发展历程 ································ 004
  二、残疾人权益保障机制 ································ 007
  三、健康与康复 ·· 012
  四、特殊教育与融合教育 ································ 016
  五、就业与创业 ·· 020
  六、基本生活与社会保障 ································ 024
  七、无障碍环境建设与个人行动能力 ··············· 028
  八、人身自由与非歧视 ··································· 032
  九、营造良好社会环境 ··································· 034
  十、对外交流与国际合作 ································ 038
  结束语 ·· 040

第二部分 《平等、参与、共享：新中国残疾人权益保障70年》解读 ……… 041

第一章 "平等、参与、共享"理念促进了中国残疾人事业的快速发展 ……… 043

第二章 中国特色残疾人权益保障机制的形成 ……… 059

第三章 残疾预防与残疾人康复事业持续健康发展 ……… 076

第四章 新中国残疾人教育七十年 ……… 087

第五章 残疾人就业创业政策助力残疾人脱贫增收 ……… 098

第六章 残疾人基本生活得到保障，社会保障水平不断提升 ……… 111

第七章 加快推进城乡无障碍环境建设，提升残疾人个人行动能力，促进融合发展 ……… 121

第八章 保护残疾人人身自由，禁止基于残疾的歧视 ……… 132

第九章 用先进理念培育的良好社会环境 ……… 139

第十章 积极开展对外交流，推动国际残疾人事务发展 ……… 153

第十一章 《平等、参与、共享：新中国残疾人权益保障70年》白皮书纪事 ……… 162

第三部分 《平等、参与、共享：新中国残疾人权益保障70年》发布会答记者问 ……… 167

后记 ……… 191

第一部分

《平等、参与、共享：
新中国残疾人权益保障70年》

全　文

中华人民共和国国务院新闻办公室

2019年7月

前　言

残疾人是人类大家庭的平等成员。尊重和保障残疾人的人权和人格尊严，使他们能以平等的地位和均等的机会充分参与社会生活，共享物质文明和精神文明成果，是国家义不容辞的责任，也是中国特色社会主义制度的必然要求。

中国有8500万残疾人。新中国成立70年来，在建设中国特色社会主义伟大事业进程中，中国共产党和中国政府本着对人民负责的精神，坚持以人民为中心，关心特殊困难群体，尊重残疾人意愿，保障残疾人权利，注重残疾人的社会参与，推动残疾人真正成为权利主体，成为经济社会发展的参与者、贡献者和享有者。

在习近平新时代中国特色社会主义思想指引下，中国将残疾人事业发展作为全面建成小康社会的重要目标，坚持政府主导与社会参与、市场推动相结合，坚持增进残疾人福祉和促进残疾人自强自立相结合，将残疾人事业纳入国家经济社会发展总体规划和国家人权行动计划，残疾人权益保障的体制机制不断完善，残疾人社会保障制度和服务体系不断健全，残疾人获得感、幸福感、安全感持续提升，残疾人事业取得举世瞩目的历史性成就。

一、残疾人事业发展历程

中华人民共和国成立70年来,中国从国情和实际出发,努力促进和保护残疾人权利和尊严,保障残疾人平等参与经济、政治、社会和文化生活,走出了一条具有中国特色的残疾人事业发展道路。

残疾人获得平等地位。新中国成立以后,残疾人在政治上获得了和其他人一样的地位,享受应有的公民权利和义务。中国政府公布实施《革命残废军人优待抚恤暂行条例》等法规,对伤残军人等伤残人员的休养、治疗、生活、学习、工作给予特殊保障;建立福利机构和精神病院,收养或安置无依无靠的重度残疾人、残疾孤儿、残疾老人、精神残疾人和残疾军人;兴办了盲童学校、聋哑学校等特殊教育学校,确立了特殊教育在国民教育体系中的地位。在农村,对符合条件的失去劳动能力的残疾人由集体经济组织给予"五保"待遇(即保吃、保穿、保住、保医、保葬或保教);在城市,兴办福利工厂、福利生产单位安排残疾人就业。探索社会化管理方式,1953年成立中国盲人福利会,1956年成立中国聋哑人福利会,1960年在此基础上成立中国盲人聋哑人协会。大部分省、自治区、直辖市也建立起地方协会和基层组织，残疾人开始参与自身事务的管理。全国城乡劳动就业的残疾人增多，文化体育活动有所开展，残疾人生活初步改善。

残疾人事业在改革开放中兴起。改革开放以来，中国共产党和中国政府实施了一系列发展残疾人事业、改善残疾人状况的重大举措。1984年成立中国残疾人福利基金会，1987年开展第一次全国残疾人抽样调查，1988年成立中国残疾人联合会（简称"中国残联"），1991年颁布实施《中华人民共和国残疾人保障法》并第一次制定实施中国残疾人事业五年计划纲要。进入21世纪，国家加快推进全面小康社会建设，残疾人事业全面提升。2008年出台《中共中央 国务院关于促进残疾人事业发展的意见》，同年修订《中华人民共和国残疾人保障法》。残疾人事业由改革开放初期以救济为主的社会福利工作，逐步发展成为包括康复、教育、就业、扶贫、社会保障、维权、文化、体育、无障碍环境建设、残疾预防等领域的综合性社会事业。残疾人参与社会生活的环境大为改善，残疾人的经济、政治、文化和社会权利得到尊重和保障；残疾人的面貌发生根本性变化，由被动的受助者变为积极参与的主体，成为经济社会发展的一支重要力量，在改革和发展中涌现出一大批像张海迪那样的体现民族精神和时代风貌的优秀残疾人。

残疾人事业迈上新台阶。中共十八大以来，以习近平同志为核心的党中央对残疾人格外关心、格外关注。2014年、2019年习近平两次会见全国自强模范暨助残先进集体和个人表彰大会受表彰代表，为我国残疾人事业发展指明方向，2014年向中国残疾人福利基金会成立30周年发去贺信提出"残疾人是一个特殊困难的群体,需要格外关心、格外关注",2017年向2013—2022年亚太残疾人十年中期审查高级别政府间会议致贺信提出"中国将进一步发展残疾人事业,促进残疾人全面发展和共同富裕",2016年在河北省唐山市考察时提出"2020年全面建成小康社会,残疾人一个也不能少"的任务目标。自中共十八大以来,残疾人工作成为"五位一体"总体布局和"四个全面"战略布局的重要内容。在国家层面建立起覆盖数千万残疾人口,包含生活补贴、护理补贴、儿童康复补贴等内容的残疾人专项福利制度;在全国范围内将数百万农村贫困残疾人脱贫作为打赢脱贫攻坚战的重点,精准施策、特别扶助;在实施"健康中国"战略中高度重视和关注每个残疾人的健康问题,加快实现"人人享有健康服务"目标;将残疾人基本公共服务纳入国家基本公共服务体系,持续推进残疾人基本公共服务托底补短工作,不断提高残疾人基本公共服务供给水平;各行各业、社会各个方面都在努力消除障碍,越来越多的残疾人接受更好教育、实现就业创业、平等参与社会。残疾人"平等、参与、共享"的目标得到更好实现,关心帮助残疾人的社会氛围更加浓厚,残疾人事业发展进入了快车道,残疾人获得感、幸福感、安全感持续提升,残疾人事业整体发展水平迈上一个新台阶。

二、残疾人权益保障机制

中国坚持将残疾人事业纳入国家发展战略,加强残疾人权益法治保障,健全残疾人工作体制,残疾人权益保障机制不断完善。

残疾人事业纳入国家发展战略。自1991年开始,残疾人事业被纳入国民经济和社会发展总体规划,"十一五"至"十三五"国民经济和社会发展规划中分别设立"保障残疾人权益""加快残疾人事业发展""提升残疾人服务保障水平"专节。国务院先后颁布7个残疾人事业五年发展规划,对残疾人权益保障工作作出总体部署;发布《国务院关于加快推进残疾人小康进程的意见》《"十三五"加快残疾人小康进程规划纲要》《"十三五"推进基本公共服务均等化规划》《国家残疾预防行动计划(2016—2020年)》和两期《特殊教育提升计划》等一批专项规划,进一步细化残疾人事业发展的工作任务和责任清单;自2009年开始施行的三期国家人权行动计划均规定了残疾人权益保障的任务要求和完成指标。

残疾人权益保障法治化。中国已形成以《中华人民共和国宪法》为核心,以《中华人民共和国残疾人保障法》为主干,以《残疾预防和残疾人康复条例》《残疾人教育条例》《残疾人就业条例》《无障碍环境建设条例》等为重要支撑的残疾人权益保障法律法规体系。截至 2018 年 4 月，直接涉及残疾人权益保障的法律有 80 多部，行政法规有 50 多部。《中华人民共和国宪法》明确规定包括残疾人在内的所有公民都依法享有选举权和被选举权，《中华人民共和国残疾人保障法》规定残疾人在经济、政治、文化、社会和家庭生活等方面享有同其他公民平等的权利，《中华人民共和国选举法》对残疾人行使选举权作出特殊规定，要求为残疾人参加选举提供便利。2018 年，共有 5000 多名残疾人、残疾人亲友和残疾人工作者担任县级以上人大代表和政协委员。国家采取多种措施保障残疾人参与公共事务的平等权利。全国人大常委会多次开展《中华人民共和国残疾人保障法》实施情况的执法检查，持续推动残疾人合法权益保障工作不断改进，全国政协通过开展多种形式的协商议政活动持续推进残疾人的权益保护，最高人民法院、最高人民检察院与中国残联建立协调工作机制，公安部依法严厉打击侵犯残疾人合法权益的违法犯罪行为。全国普遍开通 12385 残疾人服务热线，建成残疾人信访工作网上服务平台，拓宽残疾人利益诉求渠道。

残疾人公共法律服务体系优先建设。最高人民法院等九部门联合印发《关于加强残疾人法律救助工作的意见》，成立了残疾人法律救助工作协调领导小组，指导地方设立残疾人法律救助工作站。最高人民法院要求各级人民法院为残疾人开辟绿色通道，提供优先服务；同时要求为残疾人提供司法便民服务，为残疾人参加庭审活动提供无障碍设施。司法部发布《关于"十三五"加强残疾人公共法律服务的意见》，拓展了残疾人公共法律服务领域，扩大了残疾人法律援助范围，加强了残疾人刑事法律援助。截至2018年，全国设立残疾人法律援助工作站2600余个，建成法律援助便民服务窗口2600余个，各级残疾人联合会（简称"残联"）建立残疾人法律救助工作站1814个。2014年至2018年，共为31.2万残疾人提供法律援助，法律援助机构组织为残疾人提供法律咨询共计124.2万人次。

残疾人工作体制逐步健全。在推进残疾人事业的工作实践中，形成了党委领导、政府负责、社会参与、残疾人组织充分发挥作用的中国残疾人工作体制。2008年3月发布《中共中央 国务院关于促进残疾人事业发展的意见》，明确了残疾人事业发展的总体要求。成立由34个部委和机构负责人组成的国务院残疾人工作委员会（简称"国务院残工委"），协调国务院有关残疾人事业方针、政策、法规、规划的制定与实施，解决残疾人工作中的重大问题。国务院残工委各成员单位按照部门分工履行残疾人事业有关职责，推动有关残疾人政策的制定与落实。全国县级以上人民政府均成立了残疾人工作委员会。中国残联及地方各级残联充分发挥代表、服务、管理职能，成为党和政府联系残疾人的桥梁和纽带。工会、共青团、妇联等人民团体和老龄协会等社会组织发挥各自优势，维护残疾职工、残疾青年、残疾妇女、残疾儿童和残疾老人的合法权益。红十字会、慈善会、残疾人福利基金会等慈善组织为残疾人事业筹集善款，开展爱心捐助活动。企事业单位承担社会责任，为残疾人事业发展贡献力量。

残疾人组织得到充分发展。中国残联是国家法律确认、国务院批准的由残疾人及其亲友和残疾人工作者组成的人民团体，它代表残疾人共同利益，维护残疾人合法权益；团结帮助残疾人，为残疾人服务；履行法律赋予的职责，承担政府委托的任务，管理和发展残疾人事业。中国残联的最高权力机构是全国代表大会，每五年举行一次。截至2018年，全国（除新疆生产建设兵团、黑龙江垦区外）共成立残联组织4.2万个。中国残联领导盲人协会、聋人协会、肢残人协会、智力残疾人及亲友协会、精神残疾人及亲友协会等专门协会。截至2018年，全国共建立省、地（市）、县三级五类残疾人专门协会1.6万个。

残疾人数据收集和统计机制不断完善。加强残疾人事业统计调查，规范和完善残疾人权益保障的统计指标，实现残疾人权益保障精细化管理、精准化服务。逐步建立国家和省（区、市）残疾人状况监测体系，制定统计监测指标体系，建立各地区各部门综合统计报表和定期报送审评制度。1987年和2006年开展了两次全国残疾人抽样调查，掌握了残疾人及其人权保障的基本状况。自2015年开始，每年开展全国残疾人基本服务状况和需求调查，统计全国残疾人的基本服务状况、需求信息以及社区残疾人基本公共服务状况信息，建立残疾人基础数据库，实现与政府有关部门数据共享。2018年收集全国3308万持有中华人民共和国残疾人证的残疾人基本服务状况和需求的动态信息，以及近69万个村（社区）的残疾人服务设施状况信息。

残疾人事业财政支持大幅增长。"十一五"期间全国残联系统用于残疾人事业发展的财政资金为573.59亿元，"十二五"期间财政资金投入1451.24亿元，比"十一五"期间增长153%。2016年，全国残联系统用于"十三五"期间残疾人事业发展的财政资金共计416.69亿元，比"十二五"同期（2011年）增加241.54亿元，增长138%。2013年至2017年各级财政专门用于残疾人事业的资金投入超过1800亿元，比上一个五年增长123%。2018年已竣工残疾人服务设施达到4069个。

三、健康与康复

中国高度重视残疾人健康权利保障，全面开展残疾预防，大力推进康复服务，努力实现残疾人"人人享有康复服务"的目标。

残疾人健康保障政策务实全面。《"健康中国2030"规划纲要》《"十三五"卫生与健康规划》《"十三五"深化医药卫生体制改革规划》等对维护残疾人健康、加强基层医疗康复能力建设等提出明确要求。《残疾预防和残疾人康复条例》颁布实施。建立重度残疾人护理补贴制度，向残疾人提供残疾特需医疗卫生服务，将残疾人作为家庭医生签约服务的优先对象，鼓励各地将基本康复服务纳入个性化签约范围。运动疗法等29项医疗康复项目纳入基本医疗保险支付范围。自20世纪90年代以来，中国政府和社会各界出资，对白内障患者开展手术治疗，累计使1000余万人复明。特别关注农村贫困残疾人医疗卫生服务状况，制定发布《关于实施健康扶贫工程的指导意见》《健康扶贫工程"三个一批"行动计划》《着力解决因残致贫家庭突出困难的实施方案》和《医疗保障扶贫三年行动实施方案（2018—2020年）》，将农村贫困残疾人纳入基本医保、大病保险、医疗救助范围，充分发挥三项制度综合保障作用，切实提高建档立卡贫困残疾人医疗保障受益水平，加强县级残疾人康复服务中心建设，提升基层康复服务能力，建立医疗机构与残疾人专业康复机构协调配合的工作机制。

残疾预防工作取得积极成效。制定发布《国家残疾预防行动计划（2016—2020年）》，采取有效措施减少和控制残疾发生。在全国开展残疾预防综合试验区试点工作，探索完善残疾筛查、评定、报告及干预一体化工作机制。实施国家免疫规划，加强婚前孕前健康检查、孕产妇产前筛查诊断以及新生儿和儿童残疾筛查。制定《0—6岁儿童残疾筛查工作规范（试行）》，实现5类儿童残疾的早筛早诊早治。加强传染病、地方病、慢性病等疾病防治，实施食盐加碘、增补叶酸等重点预防工程，基本消除了脊髓灰质炎、碘缺乏病等致残因素。加强安全举措，减少意外伤害致残因素。科技部积极推进残疾预防技术攻关，通过"生殖健康及重大出生缺陷防控研究"和"重大慢性非传染性疾病防控研究"重点专项，部署开展出生缺陷防控和主要致残性重大慢性疾病防控技术研究，有效减少因病致残的发生。2017年国务院正式批准将每年8月25日设立为"残疾预防日"，在"残疾预防日"、爱耳日、防治碘缺乏病日、爱眼日、预防出生缺陷日、精神卫生日等节点开展宣传活动，提高公众残疾预防意识。截至2016年，全国共为8091万名农村围孕期妇女提供免费补服叶酸服务，为97.8万对夫妇免费提供地中海贫血筛查服务，为469万名新生儿提供免费先天性疾病筛查。

残疾人康复条件逐步完善。残疾人康复机构从无到有，专业队伍建设不断加强，工作体系、业务格局、运行机制逐步建立，服务能力日益提高。截至2018年，全国已竣工的省、市、县三级康复设施914个，总建筑面积344.9万平方米；全国残疾人专业康复服务机构9036个，在岗人员25万人，2750个县（市、区）开展社区康复服务。康复工作内容由三项抢救性康复项目发展成为覆盖多学科领域、满足各类别残疾人需要、预防与康复并重的服务体系。2018年，全国621所中等、高等职业技术学校和普通本专科院校开设康复专业，毕业生人数为29334人。为进一步加强康复专业人才培养，建设中国康复大学已纳入"十三五"规划和《"十三五"加快残疾人小康进程规划纲要》，筹建工作正式启动。大力开展社区康复服务，提升社区康复能力。截至2018年，开展社区康复服务的市辖区为1001个，县（市）为1749个，有社区康复协调员47.8万人。建立残疾儿童康复救助制度，为残疾儿童接受基本康复救助提供制度性保障。全国9个省（区、市）建立了残疾人辅助器具补贴制度，减轻了残疾人家庭经济负担。实施残疾人精准康复服务行动，为残疾儿童和持证残疾人提供康复医疗、康复训练、支持性服务、辅助器具适配等基本康复服务。科技部着力推进助残、惠残产品研发，通过"主动健康和老龄化科技应对"和"生物医用材料研发与组织器官修复替代"重点专项，部署开展康复辅助器具、人工组织器官修复材料等研发。完善工伤康复制度，提高伤残抚恤标准。2006年至2016年，2178.1万残疾人次得到不同程度康复。2018年，1074.7万名残疾儿童及持证残疾人得到基本康复服务，残疾人康复服务覆盖率达到 79.8%。

残疾儿童健康得到特别关注。遵循儿童利益最大化原则，高度关注残疾儿童健康。第二次全国残疾人抽样调查数据显示，0—14 岁残疾儿童占残疾人总人数的 4.69%，比 1987 年第一次全国残疾人抽样调查数据下降 11.21 个百分点。优先开展 0—6 岁残疾儿童抢救性治疗和康复，实施精准康复服务。2018 年，15.7 万名 0—6 岁残疾儿童得到基本康复服务。为更全面更可持续地保障残疾儿童的基本康复权利，国务院 2018 年 6 月发布《关于建立残疾儿童康复救助制度的意见》，正式建立残疾儿童康复救助制度。推进残疾儿童康复救助项目，对患有脑瘫、弱视、听障等重大疾病儿童进行救助。建立包括残疾孤儿在内的孤儿基本生活保障制度，实施"儿童福利机构建设蓝天计划"和"全国残疾孤儿手术康复明天计划"。截至 2018 年 6 月，"全国残疾孤儿手术康复明天计划"已为 12.5 万名手术适应症残疾孤儿、弃婴实施了手术矫治和康复训练。

四、特殊教育与融合教育

中国保障残疾人享有平等受教育权，颁布并修订《残疾人教育条例》，将残疾人教育纳入《国家中长期教育改革和发展规划纲要（2010—2020年）》《中国教育现代化2035》和《"十三五"推进基本公共服务均等化规划》，制定实施两期《特殊教育提升计划》，着力办好特殊教育，努力发展融合教育，提高残疾人受教育水平。

残疾人教育体系日趋完备。中国残疾人教育以教育部门为办学主体，民政、残联和社会力量辅助，涵盖学前教育、初等教育、中等教育和高等教育。以普通学校随班就读为主体，以特殊教育学校为骨干，以送教上门和远程教育为补充，统筹推进，普特结合。建立起从幼儿园到高等院校的残疾儿童和残疾学生资助体系，自2016年秋季学期起，免除普通高中家庭经济困难残疾学生学杂费，从而实现家庭经济困难残疾学生从小学到高中阶段的12年免费教育。

残疾儿童少年义务教育普及水平显著提高。各地按照"全覆盖、零拒绝"的要求，通过提高特殊教育学校招生能力、扩大普通学校残疾学生随班就读规模及送教上门等多种方式，最大限度地保障适龄残疾儿童少年接受义务教育的权利。特殊教育在校生数量逐年大幅度上升，视力、听力、智力等各种类别的残疾儿童少年受教育机会明显增加。2018年，在校生66.6万人，比2013年增加29.8万人，增长81%。

残疾人非义务教育稳步发展。不断扩充残疾儿童学前教育规模，除普通幼儿园积极招收残疾儿童外，还鼓励特殊教育学校增设学前班或附属幼儿园，将家庭经济困难的残疾儿童接受学前教育纳入幼儿资助范围。2016年，3万多名在园残疾幼儿获得专门资助。2012年至2018年，残疾人事业彩票公益金助学项目共投入约3.1亿元，为10.5万人次家庭经济困难的残疾儿童提供学前教育资助。举办残疾人高中部（班），扩大残疾人接受高中教育的机会。制定《关于加快发展残疾人职业教育的若干意见》，加快发展残疾人职业教育。2018年，全国共有残疾人中等职业学校（班）133个，在校生19475人。稳步发展残疾人高等教育，努力畅通残疾人接受高等教育的渠道，制定《残疾人参加普通高等学校招生全国统一考试管理规定》，为残疾人参加高考提供合理便利和必要支持。2012年至2018年，全国共有6.22万残疾考生进入普通高等院校学习。在普通高校招生录取工作中，教育部明确要求，对肢体残疾、生活能够自理、能完成所报专业学习且高考成绩达到要求的考生，高校不能因其残疾而不予录取，切实维护残疾考生权利。为增加残障考生上大学机会，教育部批准同意22所高校面向残障考生采取单独考试、单列计划、单独录取，鼓励高校开设特殊教育专业。截至2018年6月，全国已有61所普通本科高校开设特殊教育专业，在校生1万余人。2018年，全国高职院校开设特殊教育专业点37个。

努力发展融合教育。2017年，融合教育首次写进《残疾人教育条例》。《中国教育现代化2035》和《第二期特殊教育提升计划（2017—2020年）》等文件均提出全面推进融合教育。各地不断完善随班就读支持保障体系，加强普通学校特殊教育资源教室建设，配备专兼职教师，在普通学校就读的残疾学生规模不断扩大。在普通学校就读的残疾学生数由2013年的19.1万人增加到2018年的33.2万人，增长73.8%。近10年来，残疾学生在普通学校就读的比例均超过50%。

特殊教育公共支出持续增长。2008年至2015年，国家实施两期特殊教育学校建设项目，财政投入71.42亿元，新建、改扩建中西部地区1182所特殊教育学校，支持61所残疾人高等院校、中等职业学校和特殊师范院校改善办学条件。自2014年开始，中央特教专项补助经费提高到每年4.1亿元，支持范围由中西部地区扩大到除京津沪以外的所有省份。全国义务教育阶段在普通学校和特殊教育学校就读的残疾学生年生均公用经费标准提高到6000元。部分地区将普通学校随班就读教师、送教上门教师纳入享受特教津贴范围。在国家针对城乡义务教育学生免除学杂费、免费提供教科书、对家庭经济困难学生补助生活费的基础上，各省市还增加了对残疾学生的资助项目，并逐步提高资助标准。部分省市实施残疾学生从小学到高中免费教育。遴选确定华东师范大学等5所院校实施卓越特殊教育教师培养改革项目,在"国培计划"中专设特教学校校长和骨干教师培养项目。截至2018年,培训特教学校骨干教师10298名、校长726名。

五、就业与创业

中国以建立劳动福利型残疾人事业为目标，通过完善法律法规、拓展就业渠道、完善服务体系，促进残疾人就业权利的实现。

残疾人就业权利受到法律保护。《中华人民共和国残疾人保障法》对残疾人就业作了明确规定，要求各级人民政府采取优惠政策和扶持保护措施，实现残疾人多渠道、多层次、多种形式就业。《中华人民共和国就业促进法》对保障残疾人的劳动权利作了规定。《残疾人就业条例》对残疾人就业方针、政府职责、用人单位责任、保障措施、就业服务及法律责任等作了详细规定。最高人民法院发布典型案例，依法切实保障残疾人劳动的权利，切实维护残疾人合法权益。地方人大和政府也发布了促进残疾人就业、鼓励残疾人创业的规范性文件，保障残疾人平等就业。

残疾人就业创业得到政策支持。政府有关部门相继发布《关于促进残疾人按比例就业的意见》《残疾人就业保障金征收使用管理办法》《关于发展残疾人辅助性就业的意见》《关于促进残疾人就业增值税优惠政策的通知》《关于促进残疾人就业政府采购政策的通知》《关于扶持残疾人自主就业创业的意见》《残疾人职业技能提升计划（2016—2020年）》等一系列扶持和保护残疾人就业的政策。将残疾人纳入积极的就业政策体系覆盖范围，在坚持以市场为导向的就业机制基础上，对残疾人就业创业采取优惠政策和扶持保护措施，包括税费减免、设施设备扶持、政府优先采购、信贷优惠以及资金支持、岗位补贴和社会保险补贴等。《中华人民共和国中医药法》规定，盲人按照国家有关规定取得盲人医疗按摩人员资格的，可以以个人开业的方式或者在医疗机构内提供医疗按摩服务。国家对盲人按摩的培训和就业、创业予以支持，累计培养盲人保健按摩人员超过11万人、盲人医疗按摩人员约1万人。

残疾人就业创业服务和培训广泛开展。各地将残疾人就业纳入公共服务范围，为有劳动能力和就业意愿的城乡残疾人免费提供就业创业服务，为残疾人就业和用人单位招用残疾人提供帮助。省、市、县三级政府建立了专门的残疾人就业服务机构，为残疾人提供政策咨询、求职登记、职业指导、职业介绍、职业培训等就业服务，并于元旦、春节期间举办就业援助月专项活动，集中为残疾人就业提供帮扶。截至2018年，全国共有残疾人就业服务机构2811家，工作人员3.4万人。实施残疾人职业技能提升计划，开展适合残疾人特点的职业培训和创业培训，组织各类残疾人职业技能竞赛，提升残疾人就业创业能力。2018年，城乡新增残疾人实名制培训49.4万人。建立了500家国家级残疾人职业培训基地，350家省级残疾人职业培训基地。

残疾人就业方式丰富多样。残疾人按比例就业、集中就业、自主就业创业稳定发展。近年来，政府优化公益性就业岗位开发管理，鼓励"互联网+"就业。制定《关于发展残疾人辅助性就业的意见》，针对就业年龄段内有就业意愿但难以进入竞争性劳动力市场的智力、精神和重度肢体残疾人，安排辅助性就业，集中组织生产劳动，在劳动时间、劳动强度、劳动报酬和劳动协议签订等方面采取灵活方式。截至2017年，全国所有市辖区至少建立了一所残疾人辅助性就业机构。通过优惠措施帮助农村残疾人从事种植业、养殖业、手工业等生产劳动，实现就业创业。近十年来，中国残疾人就业总体规模与结构趋于稳定，新增残疾人就业人数每年保持在30万人以上。2018年，城乡持证残疾人新增就业36.7万人，其中，城镇新增就业11.8万人，农村新增就业24.9万人。截至2018年，城乡持证残疾人就业人数达到948.4万人。

产业扶贫助推贫困残疾人就业增收。制定《农村残疾人扶贫开发计划（2001—2010年）》《农村残疾人扶贫开发纲要（2011—2020年）》。2011年以来，中国扶持近1300万残疾人发展生产，其中676万贫困残疾人摆脱贫困。各地建立残疾人扶贫基地5490个，安置88.1万残疾人就业，扶持带动176.9万户残疾人家庭增加收入。支持残疾人贫困户因地制宜发展种养业和手工业。深入实施"雨露计划"，优先培训贫困残疾人，将适合从事农业生产的贫困残疾人纳入农民教育培训相关工程，鼓励他们在农业领域创业。实施职业技能提升计划和贫困户教育培训工程，残疾人贫困户优先接受培训，确保贫困残疾人家庭劳动力至少掌握一门致富技能。落实残疾人贫困户培训后资金、场地、设备、市场信息、经营管理等方面的就业创业服务与扶持政策措施。将优秀脱贫致富残疾人纳入贫困村创业致富带头人培训工程。制定《发展手工制作促进贫困残疾妇女就业脱贫行动实施方案》,加强对残疾妇女的实用技术和就业技能培训,发展手工制作,促进贫困残疾妇女就业脱贫。鼓励"全国巾帼脱贫基地"负责人、农村致富女带头人等与残疾妇女结对帮扶。在城镇举办劳动技能培训,加强就业指导和服务,积极扶持残疾妇女自主择业创业。

六、基本生活与社会保障

中国残疾人社会保障体系不断完善。残疾人按规定享受社会救助、社会福利和社会保险待遇，生活质量提升，获得感显著增强。

残疾人享有平等的社会保障权利。按照平等不歧视原则，国家保障包括残疾人在内的所有公民享有社会保障权利。《中华人民共和国宪法》明确规定：公民在年老、疾病或者丧失劳动能力的情况下，有从国家和社会获得物质帮助的权利；国家和社会保障残废军人的生活，抚恤烈士家属，优待军人家属；国家和社会帮助安排盲、聋、哑和其他有残疾的公民的劳动、生活和教育。《中华人民共和国残疾人保障法》明确规定"国家保障残疾人享有各项社会保障的权利"。《中华人民共和国社会保险法》《社会救助暂行办法》《工伤保险条例》《军人抚恤优待条例》等法律法规对残疾人的社会保障权利作出具体规定。国家承担更加积极的义务，促进残疾人社会保障权利的实现，包括将符合条件的成年无业重度残疾人按照单人户纳入最低生活保障范围，对贫困和重度残疾人参加社会保险给予补贴，对残疾人实行社会优待等。

残疾人生活保障体系不断完善。按照"普惠+特惠"的原则，通过完善社会救助制度保障残疾人的基本生存权利。同时，依法对贫困残疾人、重度残疾人、一户多残家庭给予重点救助，综合采取措施保障其基本生活。截至2018年3月，全国共有904.4万残疾人享受城乡最低生活保障。落实国务院《关于进一步健全特困人员救助供养制度的意见》，将近90万残疾人纳入特困人员救助供养范围。在城市公租房、旧住宅区整治建设中，优先安排贫困残疾人住房。2018年，全国共有62万残疾人享受公租房保障。各地通过贷款贴息帮助残疾人进行危房改造。截至2018年，中央财政共支持176.5万户农村贫困残疾人家庭完成危房改造。自2017年起，中央财政集中支持农村贫困残疾人家庭等4类重点对象改造危房，户均补贴标准为1.4万元。将符合条件的贫困残疾人纳入医疗救助范围，资助其参加基本医疗保险，并对基本医疗保险、大病保险和其他补充医疗保险支付后难以负担的个人自负合规医疗费用给予补助。部分省市对低收入残疾人家庭的生活用水、电、气、暖等基本生活支出给予优惠和补贴。

残疾人福利体系初步建立。建立困难残疾人生活补贴和重度残疾人护理补贴制度。2018年，受益残疾人超过2190万人次，发放补贴超过230亿元。大力发展托养服务，残疾人托养设施逐年增加。截至2018年，全国共有已竣工托养设施791个，总建筑面积214.8万平方米，共有残疾人托养机构8435个，为22.3万残疾人提供托养服务，有88.8万残疾人接受了居家服务。不断完善残疾人托养购买服务、评估监管和人才培养等机制，制定托养服务国家标准，积极培育社会力量，为残疾人提供多层次、多元化托养服务。按照国家加快推进残疾人小康进程的总体规划，加快农村托养建设进程，探索以贫困重度残疾人为主要保障对象的农村托养模式。公园、旅游景点和公共文化体育设施对残疾人免费或优惠开放，为残疾人发放专用机动轮椅车燃油补贴，对军人、警察等特殊伤残群体实施抚恤和优待政策。大多数城市对残疾人搭乘市内公共交通工具给予便利和优惠。

残疾人社会保险保障力度持续增强。实施全民参保计划，加大残疾人参保支持力度，对招用符合条件的就业困难残疾人的企业给予参保补贴，对城乡贫困残疾人和重度残疾人参保给予补贴。截至2018年，2561.2万城乡残疾人参加城乡社会养老保险，1024.4万残疾人领取养老金。595.2万重度残疾人中有576万人得到了政府参保补助，代缴养老保险费比例达到96.8%；另有298.4万非重度残疾人享受全额或部分代缴养老保险费的优惠政策。近年来，残疾人参加各项社会保险的人数和比例持续上升，2018年，持证残疾居民养老保险参保率为79.2%。试点和完善与残疾人相关的社会保险制度，2010年，国务院修订《工伤保险条例》，提高工伤致残补偿标准。2018年，全国参加工伤保险人数为23874万人，评定伤残等级人数为56.9万人，享受工伤保险待遇人数为198.5万人。部分地区探索残疾人意外伤害保险制度，财政给予参保补贴，缓解了残疾家庭的经济压力。在全国15个城市试点长期护理保险制度，对符合条件的长期失能残疾人基本护理服务费用按规定支付，减轻了残疾家庭的护理负担。

残疾人脱贫攻坚深入开展。中共十八大以来，政府将贫困残疾人脱贫纳入国家脱贫攻坚战略布局，并作为脱贫攻坚重要内容，在制度设计、政策安排、项目实施上给予支持。中共中央、国务院2018年发布《关于打赢脱贫攻坚战三年行动的指导意见》，专节部署贫困残疾人脱贫行动，确保到2020年贫困残疾人同全国一道进入全面小康社会。国务院扶贫办、国家发展改革委、中国残联等26部门制定《贫困残疾人脱贫攻坚行动计划（2016—2020年）》，并制定了电子商务助残扶贫行动、产业扶持助残扶贫行动等配套实施方案。加大金融资金投入，2011年至2018年，中央财政累计安排康复扶贫贴息贷款53亿元，35万贫困残疾人受益。实施精准扶贫战略以来，政府将600多万残疾人纳入贫困户建档立卡范围，截至2018年，建档立卡贫困残疾人人数已减少到169.8万。

七、无障碍环境建设与个人行动能力

中国重视无障碍环境建设与辅助器具供应和适配服务，逐步完善相关法律法规和标准，不断加大支持力度。

无障碍环境建设形成规范体系。自1989年《方便残疾人使用的城市道路和建筑物设计规范（试行）》颁布实施以来，中国相继制定了《无障碍设计规范》《无障碍设施施工验收及维护规范》等国家标准；发布实施《城市公共交通设施无障碍设计指南》《标志用公共信息图形符号第9部分：无障碍设施符号》等国家标准。国家民航、铁路、工业和信息化、教育、银行等主管部门分别制定实施了民用机场旅客航站区、铁路旅客车站、网站及通信终端设备、特殊教育学校、银行等行业无障碍建设标准规范。2012年，国务院颁布《无障碍环境建设条例》。中共十八大以来，无障碍环境建设立法进一步加强，法律法规和政策措施呈现明显增长的态势。截至2018年，全国省、地（市）、县共制定无障碍环境与管理的法规、规章等规范性文件475部。

城乡无障碍环境建设由点到面有序推进。"十五"期间，在12个城市开展了创建全国无障碍设施建设示范城市活动；"十一五"期间，创建活动扩展到100个城市；"十二五"期间，

50个市县获选全国无障碍建设示范市县，143个市县获选全国无障碍建设创建市县。2015年2月，住房城乡建设部、民政部、中国残联等部门发布了《关于加强村镇无障碍环境建设的指导意见》，推进无障碍环境建设由城市逐步向农村发展。开展无障碍环境市县村镇创建工作。截至2018年，全国所有直辖市、计划单列市、省会城市都开展了创建全国无障碍建设城市的工作，开展无障碍建设的市、县达到1702个；全国村（社区）综合服务设施中已有75%的出入口、40%的服务柜台、30%的厕所进行了无障碍建设和改造。政府加快了残疾人家庭无障碍改造进度，2016年至2018年共有298.6万户残疾人家庭得到无障碍改造。

信息无障碍建设步伐加快。制定关于信息无障碍的国家技术标准，推动政务和公共服务网站的信息无障碍建设。加强信息无障碍标准体系建设，发布多个国家及行业标准，为残疾人便利使用信息通信设备、获取互联网信息、操纵辅助装置等提供有效标准支撑。推进中国政务网站信息无障碍建设。截至2018年，500多家政府单位完成了信息无障碍公共服务平台建设，3万多个政务和公共服务网站实现了无障碍服务。将手语和盲文的规范化和推广作为国家义务，《国家中长期语言文字事业改革和发展规划纲要（2012—2020年）》和《国家语言文字事业改革"十三五"发展规划》将手语和盲文纳入国家语言文字工作总体规划。2018年，《国家通用手语常用词表》和《国家通用盲文方案》正式颁布实施。全国人民代表大会等重大会议的直播加配手语播报，中央广电总台和部分地方电视台在重要节目中加配手语播报服务。截至2018年，全国省、地市级电视台共开设电视手语栏目295个，广播电台共开设残疾人专题广播节目230个，省、地（市）、县三级公共图书馆共设立盲文及盲文有声读物阅览室1124个。对残疾人信息消费给予优惠或补贴。中国残联、工业和信息化部发布《关于支持视力、听力、言语残疾人信息消费的指导意见》，鼓励基础电信企业推出面向特定人群的资费优惠，引导大型互联网企业为从事互联网行业的视力、听力、言语残疾人在技能培训、运营管理、信息共享等方面提供便利。互联网企业也在提升残疾人网购体验、开放信息无障碍技术、开展职业技能培训等方面提供了一系列服务。

重点领域无障碍建设积极推进。启动到2035年交通运输无障碍出行服务体系建设，交通运输部在客运枢纽、高速公路服务区、客运码头、地铁站等交通基础设施以及城市公共汽车电车、地铁等交通工具的设计使用标准中增加无障碍要求。各地积极推广应用无障碍化客运车辆，在公共交通工具上设置"老弱病残"专座，使用低地板公交车和无障碍出租汽车。大部分城市公交车都配备车载屏幕和语音报站系统，部分城市公交车安装了车载导盲系统。多个省份客运设施无障碍建设率达到100%。铁路部门为3400余辆动车组列车设置了残疾人专座，允许盲人携带导盲犬乘坐火车。银行业金融机构改造轮椅坡道和盲道，配置语音叫号系统、叫号显示屏等设备，设立无障碍卫生间和无障碍停车位。邮政部门为重度残疾人提供上门服务，快递行业为聋人客户提供短信服务，盲人读物免费寄送。完善诉讼无障碍设施及服务。大力推进法院接待场所、审判场所的无障碍设施建设，方便残疾人参加诉讼。积极推进信息交流无障碍环境建设，根据案件情况，允许相关辅助、陪护人员陪同残疾当事人出庭。

辅助器具供应和适配服务获得政策支持。2016年，国务院制定《关于加快发展康复辅助器具产业的若干意见》，对推进辅助器具产业快速发展作出部署。财政部、税务总局、民政部联合发布《关于生产和装配伤残人员专门用品企业免征企业所得税的通知》，免征上述企业的企业所得税，降低伤残人员专门用品的生产成本。各地相继制定辅助器具补贴办法，对购买辅助器具和提供适配服务给予补贴。2018年，有319.1万残疾人获得盲杖、助视器、假肢等各类辅具适配服务。自1996年以来，各级政府组织实施"长江新里程计划"假肢服务、彩票公益金辅助器具服务等重点项目，累计为1500万人次提供了服务。

残疾人个人行动能力得到提升。公安部不断放宽残疾人申领驾驶证条件，已有27.9万肢体、听力等残障人员申领驾驶证。《残疾人航空运输管理办法》要求承运人、机场和机场地面服务代理人为具备乘机条件的残疾人免费提供登机、离机所需要的移动辅助设备。每列火车预留残疾人旅客专用票额。盲人可以免费乘坐市内公交。制定《导盲犬》国家标准。积极发展网络、电话预约出租汽车服务，方便残疾人群体乘车出行。

八、人身自由与非歧视

中国禁止基于残疾的歧视，制定特别保护措施，保护残疾人的生命权和人身自由，保障残疾人平等享有各项公民权利。

残疾人人身权利得到法律严格保护。《中华人民共和国刑法》《中华人民共和国民法总则》《中华人民共和国侵权责任法》《中华人民共和国婚姻法》《中华人民共和国未成年人保护法》《中华人民共和国劳动合同法》《中华人民共和国精神卫生法》《中华人民共和国反家庭暴力法》等相关法律对残疾人的人身权利作出相应规定，对虐待、遗弃、故意伤害残疾人等行为依法予以惩处。《中华人民共和国残疾人保障法》全面具体规定了残疾人人身权利及保障措施。

适时调整相关机制保障残疾人人身自由。废除收容遣送制度，对包括残疾人在内的流浪乞讨人员实行自愿救助；废除对麻风病人实行严格隔离的做法，让患者回归家庭和社区；实施"中央补助地方严重精神障碍管理治疗项目"，严重精神障碍患者登记报告、救治救助、随访服务等已覆盖全国。

加大对侵犯残疾人人身自由犯罪的打击力度。《中华人民共和国残疾人保障法》禁止任何单位和个人以暴力、威胁或者非法限制人身自由的手段强迫残疾人劳动。为切实保障残疾人人身自由和安全，刑法修正案（六）增加"强迫组织残疾人、儿童乞讨罪"，刑法修正案（九）增加对残疾人负监护、看护职责的人虐待残疾人，情节恶劣的，要承担刑事责任条款。最高人民检察院等部门发布《关于在检察工作中切实维护残疾人合法权益的意见》，要求对强迫智力残疾人劳动、拐卖残疾妇女儿童等违法犯罪行为依法从重打击。公安部开展整治强迫、诱骗未成年残疾人流浪乞讨和强迫、拐骗聋哑青少年违法犯罪行为专项行动。人力资源社会保障部开展整治非法用工专项行动。最高人民法院、中国残联联合发布《关于在审判执行工作中切实维护残疾人合法权益的意见》等规范性文件，对侵害残疾人权益的犯罪行为，依法严厉惩处，切实保护残疾人的人身财产安全。

立法禁止基于残疾的歧视。法律法规对反歧视和合理便利作出具体规定。2007年制定的《中华人民共和国就业促进法》明确规定，用人单位招用人员，不得歧视残疾人。2008年修订的《中华人民共和国残疾人保障法》明确了反歧视原则：禁止基于残疾的歧视，禁止侮辱、侵害残疾人，禁止通过大众传播媒介或者其他方式贬低损害残疾人人格。2010年以来，制定《中华人民共和国精神卫生法》《残疾预防和残疾人康复条例》《残疾人航空运输管理办法》以及修订《残疾人教育条例》《残疾人就业条例》等相关法律法规，增加了不歧视的内容，并对不歧视作出具体规定。

九、营造良好社会环境

中国倡导社会主义核心价值观和"平等、参与、共享"的理念，弘扬中华民族传统美德和人道主义精神，培育全社会扶残助残意识，形成关爱残疾人、关心残疾人事业的良好社会风尚。

残疾人文化事业欣欣向荣。《中华人民共和国公共文化服务保障法》和《"十三五"推进基本公共服务均等化规划》均载入残疾人文化服务项目，将残疾人文化事业纳入国家公共文化服务体系。各地采取措施确保残疾人以无障碍方式获得文化产品和服务，欣赏电视、电影、戏剧等文化作品。文化和旅游部与中国残联连续多年在全国开展残疾人文化周活动，2018年120余万残疾人参与该活动。各类残疾人艺术团体快速发展，全国各类残疾人艺术团体已有283个，残疾人文化艺术从业人员近30万名。"共享芬芳 共铸小康"公益巡演展览活动启动三年以来，共有17万余人参加。每四年举办一届全国残疾人艺术汇演，截至2017年，共举办9届，每届参与的残疾人达10多万人。中国残疾人艺术团出访100个国家和地区进行交流演出，被联合国教科文组织指定为"联合国教科文组织和平艺术家"，《千手观音》节目享誉世界。2011年至2018年，中央财政投入近1200万元，在城市社区实施"残疾人文化进社区"项目，为社区设立"残疾人书架"，配备文化活动用品。在"农家书屋"工程中把为残疾人服务的图书列入采购书目。实施文化进残疾人家庭"五个一项目"，支持中西部和农村地区10万户贫困、重度残疾人家庭每年读一本书、看一次电影、游一次园、参观一次展览、参加一次文化活动。建成融多种功能于一体的中国盲文图书馆，组织实施盲人数字阅读推广工程。

残疾人体育事业蓬勃发展。残疾人健身体育、康复体育和竞技体育全面发展。2011年，启动残疾人自强健身工程，提高残疾人体育健身指导服务能力和服务水平。自2011年起，体育总局支持中国残联开展残疾人社会体育指导员培训，截至2017年，共培养10.4万名社会体育指导员。各级政府和组织加大经费投入，为各类残疾人开辟日常体育活动场所。2017年，各地残疾人文化体育活动场所达到9053个。成功举办上海特奥会、北京残奥会和广州亚残运会，成功申办2022年冬季残奥会；共参加9届夏季残奥会，1337名运动员参加，获得433块金牌、339块银牌、250块铜牌，打破261项世界纪录，实现金牌榜4连冠；参加4届冬季残奥会，55名运动员参加，在2018年平昌冬残奥会上实现冬季项目金牌零的突破。积极参加国际听障奥运会和特奥会。

助残社会组织逐步壮大。2012年以来，中央财政每年划拨专项资金支持社会组织参与社会服务，其中残疾人社会服务是重点领域之一。推进社会组织"放管服"改革，支持社区社会组织承接社区公共服务和基层政府委托事项，完善国家对助残社会组织的税收优惠政策。助残社会组织的数量迅速增长。截至2017年，各地民政部门共登记助残社会组织6200余个，包括1500余个社会团体、4600余个民办非企业单位和约100个基金会。

扶残助残社会风尚基本形成。中国政府网站开设残疾人信息与服务专栏，报刊、广播、电视和网络等新闻媒体广泛报道残疾人生活和事务，促进尊重残疾人的尊严和权利，消除对残疾人的偏见和歧视，形成理解、尊重、帮助残疾人的社会氛围。自1991年设立全国助残日（每年5月第三个星期日）以来，已开展29次全国助残日活动。每年开展"牵着蜗牛去散步"等公益系列活动，各类公益慈善组织、志愿者服务组织开展了形式多样的面向残疾儿童的公益活动。举办残疾人运动会、文艺汇演、职业技能竞赛等大型活动，展示残疾人自强不息的精神风貌。开展百家图书馆、百家媒体、百家博物馆、百家出版社等文化公益助残活动，提升全社会对残疾人的关注。在中小学生中开展"红领巾手拉手助残"行动；在高校学生和广大青年中开展中国青年志愿者助残"阳光行动"；成立中国助残志愿者协会，整合凝聚社会力量推进志愿助残服务。

残疾人精神和贡献获得社会褒扬。残疾人积极投身于国家建设，努力实现自身价值，并为社会做出贡献。他们中涌现出一大批自强不息、奋发有为的先进人物，获得"全国劳动模范""全国三八红旗手"等称号。国家和地方表彰了一大批残疾人自强模范，授予"自强模范""助残先进个人""助残先进集体"等称号。召开6次全国自强模范暨助残先进表彰大会，表彰919个"全国自强模范"、1117个"全国助残先进集体"和"全国助残先进个人"。

十、对外交流与国际合作

积极开展残疾人事务国际交流与合作，增进国际社会对中国残疾人事业的理解与支持，促进国际残疾人事业的发展与进步。

认真履行条约义务。中国认真履行《残疾人权利公约》缔约国责任和义务。根据《残疾人权利公约》规定，2010年提交第一次履约报告，并接受联合国残疾人权利委员会审议，2018年提交第二、三次合并履约报告。中国是《经济、社会及文化权利国际公约》等核心人权公约的缔约国，公约所确定的残疾人权利得到普遍尊重和保障。中国还批准了国际劳工组织《(残疾人)职业康复和就业公约》，于2015年提交了最新一次履约报告。

主动承担国际责任。中国积极主动向联合国、有关国际残疾人组织和发展中国家提供力所能及的资金、技术和物资支持，向埃塞俄比亚、布隆迪、蒙古等十多个国家捐赠残疾人辅助器具，向东南亚海啸受灾国捐赠救灾款物并向残疾人定向捐赠，向国际残奥委会发展基金捐款，为亚太经济合作组织成员经济体和非洲国家残疾人提供能力建设培训。2016年，中国残联主席张海迪就任康复国际主席。资助建立康复国际非洲基金和康复国际全球残疾人事务发展基金。

积极推动国际残疾人事务发展。中国是制定《残疾人权利公约》的积极倡导者和参与者，推动将残疾人事务纳入联合国2030年可持续发展议程，促成建立亚太经济合作组织、亚欧会议、中国—东盟博览会等框架下残疾人事务合作机制，积极开展"一带一路"残疾人领域合作。在联合国亚洲及太平洋经济社会委员会（简称"联合国亚太经社会"）的支持下，首倡发起"亚太残疾人十年"活动。与联合国亚太经社会共同主办2013—2022亚洲及太平洋残疾人十年中期审查高级别政府间会议，通过《北京宣言和行动计划》。举办亚欧会议框架下残疾人合作暨全球辅助器具产业发展大会。积极参加并承办与残疾人相关的国际研讨会议、国际残疾人艺术节、国际残疾人职业技能竞赛，多次参加国际残奥会。

残疾人权益保障获得国际赞誉。中国残疾人权益保障的成就和经验得到国际社会积极评价。2003年，时任中国残联主席邓朴方获"联合国人权奖"，成为历史上首获此奖的中国人和残疾人。2012年，中国残联主席张海迪获联合国亚太经社会"亚太残疾人权利领袖奖"。2016年，中国举办纪念《残疾人权利公约》通过十周年大会，时任联合国秘书长潘基文出席，对中国残疾人人权保障给予高度评价。

结束语

中国残疾人事业发展仍然不平衡、不充分,滞后于全国经济社会发展总体水平。残疾人生活状况与残疾人对美好生活的期待相比依然存在较大差距,反对基于残疾的歧视还需要长期努力。充分保障残疾人平等权益,全面促进残疾人融合发展依然任重道远。

残疾人是一个特殊困难的群体,需要全社会给予充分的尊重、关心和帮助。中国将不断完善残疾人权益保障机制,努力消除基于残疾的歧视,切实尊重和保障残疾人的人权,增进残疾人福祉,增强残疾人自我发展能力,推进残疾人平等参与发展进程、平等分享发展成果。

在以习近平同志为核心的党中央坚强领导下,在决胜全面建成小康社会、夺取新时代中国特色社会主义伟大胜利、实现中华民族伟大复兴的中国梦的新征程中,中国将把保障残疾人权益、促进残疾人全面发展和共同富裕作为重要使命和奋斗目标,努力开创新时代残疾人事业发展的新局面。

第二部分

《平等、参与、共享：
新中国残疾人权益保障70年》

解 读

第一章 "平等、参与、共享"理念促进了中国残疾人事业的快速发展

新中国成立以来，中国在探索残疾人事业发展道路的过程中，建立了党委领导、政府负责、残疾人组织充分发挥作用的领导体制，吸纳和借鉴了国际残疾人事务的发展经验，逐步形成"平等、参与、共享"的理念，走出了一条具有中国特色的残疾人事业发展道路。

一、"平等、参与、共享"理念的形成和发展

（一）残疾人观的发展

人类早期，残疾被视为前世罪孽的报应或上天的惩罚，残疾人被视为灾难或怪异的化身，他们不仅被视为"废人"，甚至会被家庭或社会抛弃。随着人类文明的发展，残疾人的痛苦被社会感知，残疾人又逐渐成为被怜悯和施舍的对象，得到有限的保护。随着医学的发展与人道主义思想的影响，人们开始认识到，残疾的产生是由于个人身体或心理的缺损，只有对残疾人进行治疗，减轻其残疾，才能让其获得与健全人同等的机会。20世纪中期以后，西方社会残疾人运动兴起，他们认为社会由主流人群掌

控,包括残疾人在内的非主流人群在社会中属于被压迫者,这种压迫不仅阻碍了残疾人的社会参与,也对其身体心理产生了不同程度的伤害;残疾人认为:"残疾"是社会强加给他们的一种身份,并根据这种身份建构了一系列的政策保护他们,从而形成保护性"隔离"。为此,他们提出"没有我们的参与,什么也不是"(Nothing about Us,Without Us)的口号,平等和参与成为这一时期西方残疾人运动的关键主张。

后来,残疾人运动提出的主张得到国际社会的认同,并在相关条约中得到体现。1980年,世界卫生组织发布的《国际损伤、残疾与残障分类标准》(ICIDH),将残疾划分为缺陷、残疾和障碍三个层次,首次从个体和社会两个角度定义了残疾。1982年,联合国发布《关于残疾人的世界行动纲领》,提出"身体残疾是一种特殊形式的社会压迫"的社会观,平等、参与、共享的理念开始被广泛接受。1993年,世界卫生组织发布《国际残损、活动和参与分类》(ICIDH-2),从损伤(impairments)、活动(activities)和参与(participation)三个维度定义残疾,再次强调了参与对残疾的影响。2001年,世界卫生大会通过《国际功能、残疾和健康分类》(ICF),从身体结构(body structures)、身体功能(body functions)、活动和参与(activities and participation)、环境因素(environmental factors)、个人因素(personal factors)等维度对残疾进行评估,更加强调促进残疾人充分参考社会生活。

残疾人的平等、参与的权利在国际相关条文和公约中逐步得到体现和保障。1971年，联合国大会通过了《智力迟钝者权利宣言》，1975年通过了《残疾人权利宣言》，制定了平等对待和平等权利的标准；1981年通过《关于残疾人的世界议程》，1993年，通过了《残疾人机会均等标准规则》。2006年，第61届联合国大会通过了《残疾人权利国际公约》，宗旨在于促进、保护和确保所有残疾人充分和平等地享有一切人权和基本自由，并促进对残疾人固有尊严的尊重，该公约的核心是确保残疾人享有与健全人相同的权利，并以正式公民的身份生活，从而在获得同等机会的情况下，为社会做出贡献。至此，平等、参与、共享的理念被国际社会广为接受，并在法律中得到体现。

（二）中国残疾人观的转变

对于弱势群体，中国很早就提出"鳏寡孤独废疾者皆有所养"的理念，并建立了残疾人居养救济措施，包括赋税减免、养疾养恤、优待抚恤等，历代还建立了悲田养病坊、普救病坊、福田院、惠民局、养济院等福利机构，收治贫病患疾之人；到了近代，西方宗教人士和社会组织设立残废所，兴建特殊学校，残疾人事业开始萌芽。但是，受传统文化和宗教的影响，残疾被认为是"因果报应"的观念根深蒂固，残疾人被称为"废人""癃废""残废"，长期被排斥在主流社会之外，经济极度贫困，权利受到侵害，社会地位低下。

中华人民共和国成立后，建立起社会主义制度。从某种角度来说，社会主义的本质是追求人的自由全面发展，坚持以人为本的核心价值取向,实现全体人民的共同富裕。残疾人作为国家公民,理应获得与健全人一样的平等权利,得到自由全面的发展;残疾人事业作为社会主义事业的组成部分,理应纳入国家的发展计划之中,最终达到解放残疾人的目的。只有当残疾人能够体面地、有尊严地生活,像健全人一样方便地、自信地参与一切公共活动,并且获得公正的评价;只有当每一个残疾人都能够"自由地发展","一切人"才有可能自由地发展。正因为社会主义的本质与现代残疾人观的高度契合,1949年以后,残疾人逐步获得了与健全人一样的公民权利,政治地位发生了根本性改变。改革开放以后,中国政府积极参与国际残疾人事务,充分吸纳了现代残疾人观,在人道主义思想的指导下,结合中国国情,确立了"平等、参与、共享"的理念,走出一条具有中国特色的残疾人事业发展道路。

二、"平等、参与、共享"理念的探索和实践

回顾中国残疾人70年的发展历程,"平等、参与、共享"的理念形成可以划分为以下三个阶段。

(一)"平等、参与、共享"理念的探索

中华人民共和国成立之后,人民成为国家的主人,残疾人获得了与健全人平等的地位,逐步参与到社会主义伟大事业的建设当中。

从1952年开始,部分地方政府组织军烈属和城市贫民参加小

型工业或手工业生产，部分残疾人积极主动地参加生产劳动，成为自食其力的劳动者。后来，民政部门把其中部分生产单位改为专门安置残疾人的企业，政府制定了优惠政策，大力支持这类企业的发展，越来越多的残疾人在福利生产单位中实现了就业。到1957年，全国福利生产单位发展到8000多个，参加生产人员达到58万人[①]。

这一时期，残疾人开始参与自身事务的管理。1953年，中国盲人福利会在北京成立，中央人民政府政务院内务部部长谢觉哉兼任主任委员，残疾人开始参与自身事务的管理；1954年3月，由毛泽东同志命名、谢觉哉同志书写刊名的《盲人月刊》在北京创刊；1956年，在周恩来总理的关怀下，中国聋哑人福利会在北京成立。1960年5月20日，中国盲人福利会、中国聋哑人福利会合并为中国盲人聋哑人协会。中国盲人聋哑人第一次全国代表会议在北京召开，359位代表出席了会议。周恩来、朱德、邓小平、李先念等党和国家领导人接见与会代表。会议通过了《中国盲人聋哑人协会章程》，选举产生了中国盲人聋哑人协会领导机构。

这一时期，残疾人受教育的权利逐步得到保障。在特殊教育方面，1951年，中央人民政府政务院颁布了《关于改革学制的规定》，规定"各级人民政府应设立聋哑、盲等特种学校，对生理上有缺陷的儿童、青年和成人施以教育"，首次将特殊教育纳入

---

① 崔乃夫.当代中国的民政（下）.北京：当代中国出版社，1994：297.

国民教育体系。1953年，教育部设立盲聋哑教育处，确立了特殊教育的管理体制。1955年、1956年和1957年，教育部先后颁布了《1955年小学教学计划在盲童学校中如何变通执行的通知》《关于聋哑学校使用手势教学的班级的学制和教学计划问题的指示》《关于聋哑学校口语教学班级教学计划（草案）的通知》。到1965年，全国有盲聋学校266所，在校学生达到22800余人[①]。

国家采取分类保障原则，逐步建立起特定群体的生活保障制度。1950年12月，内务部公布实施《革命残废军人优待抚恤暂行条例》《革命工作人员伤亡褒恤暂行条例》和《民兵民工伤亡抚恤暂行条例》，建立健全了优待抚恤制度，提升了革命伤残军人的福利待遇；在城市建立福利机构，收养或安置无依无靠的重度残疾人、残疾孤儿、残疾老人、伤残军人，保障其基本生活；在农村建立"五保"供养制度，使无家可归、无依无靠、无生活来源的残疾人在生活、教育、医疗等方面得到妥善安排。

这一时期，残疾人实现了法律上的平等权利和有限的社会参与，保障了特别困难残疾人的生存权利。但是，从总体上看，因与国际交流中断，现代残疾人观尚未形成；残疾人事业体制机制尚处于探索阶段，残疾人平等权利的实现面临重重困难，社会排斥现象普遍存在，多数残疾人的生存境况较为艰难。

（二）"平等、参与、共享"理念的形成

改革开放后，残疾人事业乘势而起、因时而进，残疾人生活

---

① 张福娟.特殊教育史.上海：华东师范大学出版社，2000：212.

状况发生根本性改变。

随着国门的打开，我国残疾人事业与国际社会的交流变得更加频繁。国务院批准成立了"联合国残疾人十年"中国组织委员会，中国残联加入了康复国际等国际组织，与美国、英国、法国、加拿大、日本等国家建立了友好交流关系。同时，中国政府和残疾人组织也主动参与残疾人国际事务，包括：积极推动制定《残疾人权利公约》，推动残疾人事务纳入联合国2030年可持续发展议程。在参与国际残疾人事业的过程中，中国吸纳、借鉴西方发达国家的现代残疾人观，发展了人道主义思想，形成了"平等、参与、共享"的残疾人事业发展理念，并在残疾人事业的发展中得以体现。

首先，残疾人的平等权利写入法律。1990年，全国人大通过《中华人民共和国残疾人保障法》，并于1991年实施。《中华人民共和国残疾人保障法》的颁布实施，标志着我国的残疾人保障事业纳入了法制轨道，用法律手段保障残疾人享有同其他公民平等的权利，保护其不受侵害，并采取辅助和扶持措施，发展残疾人事业，促进残疾人平等地充分参与社会生活。其后，国务院先后制定了《残疾人教育条例》《残疾人就业条例》《无障碍环境建设条例》及《残疾预防和残疾人康复条例》等配套行政法规，各省、自治区、直辖市制定了《残疾人保障法》实施办法和配套法规。为了进一步完善残疾人保障法律制度，全国人大常委会2008年4月对《残疾人保障法》进行了全面修订，并于2008年6月批准了第 61 届联合国大会通过的《残疾人权利公约》。

其次,残疾人的社会参与向深度推进。1988 年,中国残疾人联合会成立,邓朴方为中国残联主席团主席兼执行理事会理事长,王震为中国残联名誉主席,随后中国残联地方机构相继成立。中国残联由各类残疾人的代表和残疾人工作者组成,既是残疾人共同利益的代表,又为残疾人服务;同时,承担政府委托的任务,动员社会力量,推进残疾人事业发展。中国残联成立后,实施了一系列重大举措,包括:推动实施《中国残疾人事业五年工作纲要(1988—1992)》,推动《中华人民共和国残疾人保障法》的出台,推动实施《中国残疾人事业"八五"计划纲要(1991 年—1995 年)》。

国务院先后颁布七个残疾人事业发展的"五年计划",明确了各阶段残疾人事业发展的总体目标、重点领域、策略措施和实施方案。自"十一五"开始,残疾人事业被纳入国民经济和社会发展五年规划,推动了残疾人事业与经济社会同步协调发展。《中共中央关于全面深化改革若干重大问题的决定》《中共中央关于全面推进依法治国若干重大问题的决定》等重要文件,都对健全残疾人权益保障制度、完善残疾人权益保障法律法规、发展残疾人事业提出了明确要求。在国家的高度重视下,残疾人康复、教育、就业、扶贫、维权、文化、体育、无障碍环境建设、残疾预防等业务全面推进,残疾人全面、深度参与到社会主义伟大事业中,涌现出一批劳动模范和道德楷模,成为全国人民学习的榜样。

最后，共享理念受到关注。改革开放以后，我国经济快速增长，居民收入水平迅速提高，农村扶贫取得显著成效，一大批贫困人口脱离贫困状态。但是由于收入分配体制和社会保障体系的不完善，残疾人及其家庭的收入水平与总体存在较大差距，农村贫困残疾人及其家庭生存较为困难。从1998年开始，国家针对农村残疾人的贫困状况，专门制定《残疾人扶贫攻坚计划(1998—2000年)》和《农村残疾人扶贫开发计划(2001—2010年)》；同时，开始加强残疾人社会保障体制建设，出台了《关于加快推进残疾人社会保障体系和服务体系建设的指导意见》，健全残疾人社会保障制度，加强残疾人服务体系建设，缩小残疾人生活状况与社会平均水平的差距。

这一时期，残疾人"平等、参与、共享"理念得以形成和发展，残疾人事业取得显著进展，残疾人经济社会地位快速提升。

（三）"平等、参与、共享"理念的深化

进入新时代，中国残疾人权益保障事业被进一步纳入国家经济社会发展全局，残疾人权益保障机制进一步完善，残疾人事业财政投入持续加大，残疾人生存状况持续改善，"平等、参与、共享"的社会氛围正在形成。

首先，党和国家对残疾人事业的高度重视，为中国特色残疾人事业的发展提供了更加有力的支持。十八大以来，党和国家更加重视残疾人事业的发展。2014年5月，习近平总书记会见全国自强模范暨助残先进集体和个人表彰大会受表彰代表时，要求不断健全残疾人权益保障制度。2015年2月,国务院印发《关于加快推进残疾人小康进程的意见》,对保障和改善残疾人民生,帮助残疾人共享发展成果、同奔小康作出部署。2015年9月,国务院印发《关于全面建立困难残疾人生活补贴和重度残疾人护理补贴制度的意见》,这是全国层面首次建立残疾人专项福利补贴制度。2016年7月28日,习近平总书记指出,全面建成小康社会,残疾人一个也不能少。2016年8月3日,国务院印发《"十三五"加快残疾人小康进程规划纲要》,要求把加快残疾人小康进程作为全面建成小康社会决胜阶段的重点任务。2016年8月19日,在全国卫生与健康大会上,习近平总书记强调努力实现残疾人"人人享有康复服务"的目标。2017年5月1日,修订后的《残疾人教育条例》正式施行,新制定的《残疾预防和残疾人康复条例》于同年7月1日正式施行。

其次,残疾人脱贫进程加快。国家制定实施了残疾人事业的专项规划和计划,包括:《"十三五"加快残疾人小康进程规划纲要》《贫困残疾人脱贫攻坚行动计划(2016—2020年)》。针对贫困残疾人制定了一系列优惠政策,包括:实施单独立户政策,将贫困边缘残疾人纳入最低生活保障制度,加快实施农村贫困残疾人家庭危房改造项目,扩大贫困残疾人参保补贴范围。2012—2017年,帮助440多万农村贫困残疾人脱贫,为84万户农村贫困残疾人家庭实施危房改造。2016—2017年,退出建档立卡贫困残疾人超过300万人。

最后，保障力度加大。国务院发布《关于全面建立困难残疾人生活补贴和重度残疾人护理补贴制度的意见》《关于建立残疾儿童康复救助制度的意见》。全面建立了困难残疾人生活补贴和重度残疾人护理补贴制度，惠及 2100 多万残疾人；为 887.8 万城乡贫困残疾人提供了最低生活保障，97.4 万城乡特困残疾人被纳入集中供养范围；29 项残疾人医疗康复项目被纳入基本医疗保险支付范围；累计为 2500 多万人次残疾人提供了基本康复服务，为 5.5 万人次家庭经济困难残疾儿童提供了学前教育资助，175 万人次城镇残疾人参加职业培训，城镇新增残疾人就业达到 100 万人。

这一时期，残疾人平等权利受到更加广泛的关注，社会参与向纵深方向发展，残疾人共享社会发展成果的途径更加畅通，残疾人的生活质量正在快速提升，社会助残氛围更加浓厚。

三、"平等、参与、共享"的中国发展道路及未来发展

（一）"平等、参与、共享"理念与中国残疾人事业发展道路

中国在发展残疾人事业的过程中，充分吸纳借鉴了国际现代残疾人观，结合中国国情，形成"平等、参与、共享"理念，成为中国特色残疾人事业发展道路的组成部分；同时，中国特色的残疾人事业管理体制也是"平等、参与、共享"理念形成和发展的体制保障。

首先，中国特色残疾人事业的领导体制为残疾人事业发展提供了组织保障。经过多年的实践，中国残疾人事业形成了党委领

导、政府负责的残疾人工作领导体制,建立了政府主导、社会广泛参与、残疾人组织充分发挥作用的工作机制,这种领导体制和工作机制结合了执政党的权威性、行政资源的可持续性、社会力量参与的积极性、残联组织职能的多样性等优势,稳定、持续地推进残疾人事业的健康发展。这种领导体制与残疾人"平等、参与、共享"理念具有一致性,且有行动的高效性,这为"平等、参与、共享"理念的应用提供了组织保障。

其次,中国特色残疾人事业发展机制为"平等、参与、共享"理念的发展提供了制度保障。自1988年以来,国务院颁布了七个残疾人事业五年发展规划,对残疾人权益保障工作作出总体部署;进入21世纪以后,残疾人事业逐步纳入政府五年规划和党的报告;党的十八大以来,残疾人事业成为"四个全面"战略布局的重要内容;除此之外,政府还专门制定了一批残疾人专项规划,进一步细化了残疾人事业发展的工作任务和责任清单。将残疾人事业融入国家发展战略大局,不仅为残疾人事业的快速发展提供了物质保障和组织支持,更为重要的是,使残疾人事业与国家发展同呼吸、共命运,也使残疾人更为深刻地体会到党和国家对他们的关心和支持。这种高效、统筹协调的残疾人事业发展机制使"平等 参与 共享"的理念能够在各项残疾人事业中得到体现。

最后,中国特色残疾人事业理论基础与"平等、参与、共享"理念具有一致性。中国很早就形成了"鳏寡孤独废疾者皆有所养"的思想,并建立了残疾人赈济制度和收养机构。新中国成立后,基于当时的经济和社会发展形势，大力发展福利生产单位，建立了残疾人劳动福利制度，促进了残疾人就业和残疾人的当家做主。改革开放以后，大力倡导人道主义，以残疾人康复、教育、就业、扶贫等为重点，形成中国特色的残疾人事业框架体系。无论是早期的残疾人观，还是人道主义观，与"平等、参与、共享"理念的内容具有某些相似性，因而易被党和政府以及全社会所广泛接受。同时，"平等 参与 共享"与社会主义价值观也具有某些一致性。进入新时代，"平等、参与、共享"的残疾人理念已逐步融入社会主义核心价值观中，格外关心、格外关注残疾人成为全社会共识，党和政府对残疾人事业提出"全面建成小康社会，残疾人一个也不能少""人人享有康复服务"的更高目标。"平等、参与、共享"的理念得到更加充分的实现。

（二）"平等、参与、共享"仍需进一步改善

首先，残疾人事业发展不平衡、不充分的现象较为突出，需要进一步加大工作力度。经过70年的发展，我国残疾人事业取得了举世瞩目的成就，残疾人社会保障和服务体系趋于完善，残疾人基本生活得到保障。与此同时，残疾人的需求也在转型升级，发展型需求正在上升。但是，受限于人力、物力和财力，残疾人需求难以得到全面满足。2018年动态更新数据显示，享受托养服务的残疾人有65万人，托养比例不到10%；2018年内得到康复服务的残疾人接近470万人次，康复服务满足比例只有40%左右；2018年内解决了近8.7万残疾儿童的就学问题，但只占未

入学残疾儿童的三分之一左右。2018年度，残疾人家庭无障碍改造比例只有11%，农村危房改造比例只有35%，提供的就业帮扶占有需求人数的66%，参加村（社区）文化体育活动的残疾人不到13%。从地区发展看，残疾人事业呈现较大的地区差距。2018年动态更新数据显示，江西、吉林、黑龙江、湖南和新疆等地区，残疾人家庭收入低于低保标准的比例最高，上海、北京、江苏、浙江、天津等地区，残疾人家庭收入低于低保标准的比例最低；湖北、河南、安徽、四川、湖南等地农村残疾人建档立卡人数排在全国前五位，湖北、甘肃、安徽、贵州、宁夏回族自治区、江西等地的建档立卡人数占农村持证残疾人的比例达到30%。除此之外，康复服务、教育就业等均呈现较为明显的地区差距。

其次，基于残疾的歧视仍然存在，对残疾人的社会包容需进一步提升。长期以来，用"残废"一词称呼残疾人的错误行为仍然存在，残疾人被当成"无能""废物"的代名词；民间社会用各种带有污辱性的称呼指称各类残疾人，将残疾人污名化；一些艺术作品通过拿残疾人取乐博受众一笑，扭曲残疾人的形象；公共部门和企业有意无意地设置各种门槛，将残疾人排除在外。在安置残疾人就业时，企业宁愿缴纳罚金，也不愿雇佣残疾人，造成残疾人就业率低。在入托入学时，相关机构或负责人设置各种门槛，将残疾儿童和残疾学生排除在托幼机构和学校之外，造成残疾儿童的入园率和残疾学生的入学率长期偏低。家庭、社区、公共场所缺乏无障碍设施，造成残疾人出行受阻，难以参与社会事务，等等。

最后，残疾人仍然是最为困难的群体，需要"格外关注、格外关心"。2018年动态更新数据显示，非农业户中，超过162万持证残疾人的收入低于低保标准，44万持证残疾人的收入低于低收入标准；农业户中，建档立卡人数超过280万人，其他贫困人口接近460万人。近90万持证残疾人无固定住所或处于借住状态，45万持证残疾人居住于危房之中，超过一半的处于劳动年龄段的持证残疾人未实现就业。残疾人家庭人均收入不到全国居民家庭人均收入的三分之二，而且残疾人家庭面临长期服药、护理用品、康复训练、辅助器具等刚性支出，其家庭贫困程度远高于一般贫困家庭。尤其是贫困重度残疾人家庭，不仅面临巨大且长期的刚性支出，而且因需要家庭成员照料残疾人而导致劳动力减少，从而造成重度残疾人家庭极高的贫困率和深度贫困。

针对上述发展中存在的问题，在坚持中国特色残疾人事业的同时，必须顺应残疾人事业发展环境的变化，拓展"平等、参与、共享"的内涵，进一步加强党和政府对残疾人事业的领导，进一步将残疾人事业融入国家发展战略大局，勇于改革，大胆探索，使中国特色残疾人事业的发展道路越走越宽。

参考文献：

[1] 邱观建，于娣. 理念、实践、道路：中国残疾人事业发展的四十年. 残疾人研究，2018，31（03）：18-24.

[2]邱观建，于娣.改革开放以来中国残疾人事业发展的三个阶段.理论月刊，2017，424（04）：147-151+156.

[3]杨立雄.中国残疾人福利制度建构模式：从慈善到社会权利.中国人民大学学报，2013，27（02）：11-19.

[4]杨立雄.中国残疾人社会政策范式变迁.湖北社会科学，2014（11）：42-47.

[5]邓朴方.人道主义的呼唤（第一辑—第四辑）.北京：华夏出版社，2006.

[6]邓朴方.坚持改革开放 走中国特色残疾人事业道路.残疾人研究，2014，9（01）：6-7.

[7]厉才茂.中国特色残疾人事业的历史方位（上）.残疾人研究，2018，29（01）：4-11.

[8]厉才茂.中国特色残疾人事业的历史方位（中）——从与国家大局的关系来看中国特色残疾人事业新的历史方位.残疾人研究，2018，30（02）：14-20.

[9]厉才茂.中国特色残疾人事业的历史方位（下）——从发展的阶段特征和未来趋势来看中国特色残疾人事业的历史方位.残疾人研究，2018，31（03）：8-17.

撰 稿 人

杨立雄，中国人民大学劳动人事学院教授

第二章　中国特色残疾人权益保障机制的形成

任何事业持续健康发展，除了有正确的目标、清晰的理念和合适的路径，关键还要有高效的运行和保障机制。新中国残疾人事业发展70年，不仅使广大残疾人生活面貌发生了天翻地覆的变化，而且走出了一条适合中国国情、具有中国特色的残疾人事业发展道路。这条道路是残疾人事业理论、路线、制度和策略的统称。其中制度和机制是最核心层面的内容，包括残疾人事业发展机制、残疾人权益保护制度、残疾人事业领导体制和工作机制等方面。这些制度和机制，是残疾人事业发展和残疾人权益保障工作不断前进的动力。与一些国家以反歧视立法作为保障残疾人权益的出发点和基本路径不同，中国倡导人权保障与社会发展相结合、权益维护与增进福祉相结合，进而实现事实上的平等，这是中国残疾人权益保障的重要特征。邓朴方在20世纪80年代就宣示："中国政府、我及我的同事们一直认为，为残疾人争得事实上的平等权利，使残疾人全面参与社会生活不再是一个漂亮的口号，而是逐步付诸实施的行动，这始终是全部残疾人事业的核心问题。"[①]

---

① 邓朴方．人道主义的呼唤（第一辑，1983—1995）．北京：华夏出版社，2006：195-199．

一、残疾人事业逐步纳入国家发展战略

判断一项事业、一个领域的发展水平,关键要看它在国家改革发展大局中的位置,是否全面融入国家发展战略,是否全方位纳入国家发展规划、政策和各项改革方案。70年来,中国残疾人事业紧紧围绕国家大局,服务于国家大局,并为国家改革发展稳定的大局作出了重要贡献;紧紧依靠国家大局,从大局中汲取能量和营养,在改革开放和社会主义现代化建设的征程中不断探索新的发展路径。这既是中国残疾人事业长足发展的一个基本标志,也是中国残疾人事业取得成功的一条重要经验。

残疾人事业逐步成为党和国家发展战略的组成部分。1986年,中共中央十二届六中全会通过的《中共中央关于社会主义精神文明建设指导方针的决议》提出,在社会公共生活中,要大力发扬社会主义人道主义精神,尊重人,关心人,特别要注意关心帮助残疾人。[①]从党的十六大开始,党的全国代表大会每次都将发展残疾人事业、保障残疾人权益的内容写入大会报告。2008年,《中共中央 国务院关于促进残疾人事业发展的意见》(中发〔2008〕7号),全面确定了残疾人事业发展的方针、路线和政策。新时代残疾人事业进一步成为中国特色社会主义事业"四个全面"战略布局和"五位一体"总体布局中的重要内容。党的十八大、十九大报告要求"健全残疾人社会保障和服务体系,切实保障残

[①] 中共中央文献研究室.十二大以来的重要资料选编(下).北京:人民出版社,1988:1173—1190.

疾人权益""发展残疾人事业，加强残疾康复服务"。《中共中央关于全面深化改革若干重大问题的决定》《中共中央关于全面推进依法治国若干重大问题的决定》《中共中央关于制定国民经济和社会发展第十三个五年规划的建议》等重要文件，都对健全残疾人权益保障制度、完善残疾人权益保障法律法规、发展残疾人事业提出了明确要求。脱贫攻坚、乡村振兴、健康中国以及最新发布的应对人口老龄化的国家战略，均把残疾人民生保障作为重点予以强调，而且任务越来越具体，要求越来越明确。

残疾人事业在国家发展规划和国家级专项规划中占有一席之地。自1991年开始，残疾人事业被纳入国民经济和社会发展总体规划，"十一五"至"十三五"国民经济和社会发展规划中分别设立"保障残疾人权益""加快残疾人事业发展""提升残疾人服务保障水平"专节。国务院先后颁布七个残疾人事业五年发展规划，对残疾人权益保障工作作出总体部署。依据国家"三步走"的发展战略，适应全面建设小康社会、加快推进社会主义现代化的要求，国家先后提出了残疾人"初步解决温饱""稳定解决温饱""总体初步达到小康水平""总体达到小康"和"全面建成小康社会，残疾人一个也不能少"的发展目标。中国残联成立之初，曾经于1988年制定了《中国残疾人事业五年工作纲要（1988—1992）》，但由于没有纳入国家规划体系，规划项目设计和保障措施相对不足。1990年通过的《中华人民共和国残疾人保障法》规定，各级人民政府应当将残疾人事业纳入国民经济和社会发展计划。2008年修订的《中华人民共和国残疾人保障法》进一步明确规定，国务院制定中国残疾人事业发展纲要，县级以上地方人民政府根据中国残疾人事业发展纲要，制定本行政区域的残疾人事业发展规划和年度计划，使残疾人事业与经济社会协调发展。这就以立法的形式确立了残疾人事业国家规划体制机制。残疾人事业全面融入国家经济社会发展的另一个重要标志，是《国家基本公共服务体系"十二五"规划》《"十三五"推进基本公共服务均等化规划》两个国家级专项规划，均以专章的形式安排残疾人基本公共服务项目，将残疾人民生保障整体纳入国家推进基本公共服务均等化进程。国家还先后制定了残疾预防、特殊教育提升等多个国家行动计划，为推动残疾人权益保障提供了有力的支撑。

残疾人事业全面融入中国改革开放的进程。残疾人事业与新中国共成长，在国家改革开放中逐步兴起，是国家改革开放的重要方面，又对国家改革开放发挥了有效的推动作用。为适应社会主义经济体制由计划经济向市场经济转轨，国家通过完善立法、健全政策，在按比例安排残疾人就业、残疾人社会保障和基本公共服务等领域，出台实施了一系列改革方案，确立了"政府主导、社会参与，国家扶持、市场推动"的原则方向，推动残疾人事业从"国家保障、集体保障和家庭保障"为主向社会保障为主的历史性转变，从倡导"效率优先、兼顾公平"到"更加注重社会公平"的价值转换。70年来，残疾人事业领域改革步伐从未停止，从新中国成立不久重视残疾人救济救养，到20世纪80年代倡导"劳动福利型、企业养事业、基层保障网"的发展模式，到20世纪90年代推进"权益保障与社会发展相结合"的制度建设方向，再到新世纪确立"残疾人生命健康权、生存权、发展权"的基本权益保障架构，后来又积极探索建设残疾人社会保障和服务体系，党的十八届三中全会进一步提出在全面深化改革中"健全残疾人权益保障制度"的要求，充分体现了中国残疾人事业与时俱进的改革精神。

残疾人事业财政投入机制和统计制度接轨国民经济和社会发展，为保证残疾人事业与经济社会持续协调发展奠定了基础。《中华人民共和国残疾人保障法》规定了残疾人事业财政预算制度，要求县级以上人民政府将残疾人事业经费列入财政预算，建立稳定的经费保障机制，推动残疾人事业财政支持大幅增长。"十二五"期间全国残联系统直接用于残疾人事业的财政资金投入达1451.24亿元，比"十一五"期间增长153%。2016年，全国残联系统用于"十三五"期间残疾人事业发展的财政资金共计416.69亿元，比"十二五"同期（2011年）增加241.54亿元，增长138%。2013年至2017年，各级财政专门用于残疾人事业的资金投入超过1800亿元，比上一个五年增长123%。残疾人数据收集和统计机制不断完善。规范和完善残疾人权益保障的统计指标，逐步建立国家和省（区、市）残疾人状况监测体系，建立各地区各部门综合统计报表和定期报送审评制度。1987年和2006年先后开展了两次全国残疾人抽样调查，掌握了残疾人及其人权保障的基本状况。自2015年开始，每年开展全国残疾人基本服务状况和需求调查，统计全国残疾人的基本服务状况、需求信息以及社区残疾人基本公共服务状况信息，建立残疾人基础数据库，实现与政府有关部门数据共享。2018年收集全国3308万持有中华人民共和国残疾人证的残疾人的基本服务状况和需求的动态信息，以及近69万个村（社区）的残疾人服务设施状况信息。当然，如何在国家调查统计体系中建立健全残疾人调查统计制度，如何在部门统计项目中充分考虑残疾人的发展需要，还有待进一步探索努力。

二、残疾人权益保障全面跟上国家法治建设进程

（一）残疾人权益保障法治化

1. 形成残疾人权益保障法律法规体系

中国十分注重通过立法保障残疾人的各项权益。1981年是联合国确定的"国际残疾人年"，为响应联合国关于重视残疾人群体的号召，1982年12月4日通过的《中华人民共和国宪法》第四十五条明确规定："中华人民共和国公民在年老、疾病或者丧失劳动能力的情况下，有从国家和社会获得物质帮助的权利。国家发展为公民享受这些权利所需要的社会保险、社会救济和医疗卫生事业。""国家和社会保障残废军人的生活，抚恤烈士家属，优待军人家属。""国家和社会帮助安排盲、聋、哑和其他有残疾的公民的劳动、生活和教育。"在20世纪80年代初期，宪法中就

能明确规定保障残疾人权益的具体内容，这在世界各国立法中并不多见。根据宪法确定的基本原则和精神，中国在宪法相关法、民法商法、行政法、经济法、社会法、刑法、诉讼与非诉讼程序法等立法中注重对残疾人的平等保护和特别扶助，积极捍卫残疾人在法律面前的平等地位。目前，中国直接涉及残疾人权益保障的法律有80多部，行政法规有50多部。

中国积极开展针对残疾人群体的专门立法。1990年12月28日第七届全国人大常委会第十七次会议通过了《中华人民共和国残疾人保障法》，并于2008年4月24日进行修订，为发展残疾人事业、加强残疾人权益保障提供了重要法律基石。国务院于1994年8月23日通过了《残疾人教育条例》，并于2017年1月11日进行修订；2007年2月14日通过了《残疾人就业条例》；2012年6月13日通过了《无障碍环境建设条例》；2017年1月11日通过了《残疾预防和残疾人康复条例》。各省级人大常委会和部分有立法权的市级人大常委会通过了《中华人民共和国残疾人保障法》的地方实施办法。中国逐步形成以《中华人民共和国宪法》为核心，以《中华人民共和国残疾人保障法》为主干，以《残疾预防和残疾人康复条例》《残疾人教育条例》《残疾人就业条例》《无障碍环境建设条例》等行政法规和大量地方法规为重要支撑的残疾人权益保障法律法规体系。

2. 保障残疾人的平等权利

中国十分重视保障残疾人与其他公民享有的平等权利。《中华人民共和国残疾人保障法》第三条明确规定："残疾人在政治、经济、文化、社会和家庭生活等方面享有同其他公民平等的权利……残疾人的公民权利和人格尊严受法律保护。"《中华人民共和国残疾人保障法》在其他条款中明确规定国家保障残疾人享有康复服务的权利、国家保障残疾人享有平等接受教育的权利、国家保障残疾人劳动的权利、国家保障残疾人享有平等参与文化生活的权利、国家保障残疾人享有各项社会保障的权利。为与联合国《残疾人权利公约》保持一致，直接将公约中"禁止基于残疾的歧视"纳入修订后的《中华人民共和国残疾人保障法》第三条，为消除针对残疾人的歧视行为提供了更为直接、更为明确的法律依据。

政治权利是公民最基本的权利。中国积极保障残疾人各项政治权利的享有和实现。《中华人民共和国宪法》规定包括残疾人在内的所有公民都依法享有选举权和被选举权。《全国人民代表大会和地方各级人民代表大会选举法》规定，选民因残疾不能写选票的，可以委托信任的人代写。《中华人民共和国残疾人保障法》第五十六条规定："组织选举的部门应当为残疾人参加选举提供便利；有条件的，应当为盲人提供盲文选票。"根据最新统计数据，全国各级人大代表和政协委员中共有残疾人、残疾人亲友、残疾人工作者6637人，他们作为残疾人群体的优秀代表，认真履职，积极为国家经济社会发展建言献策，成为民主政治生活中一道亮丽的风景。

3. 促进残疾人权益保障法律法规的有效落实

法律的生命在于实施。为促进《中华人民共和国残疾人保障法》的贯彻实施，2012年全国人大常委会组织开展《中华人民共和国残疾人保障法》实施情况的执法检查和立法后评估，多次组织开展《中华人民共和国残疾人保障法》实施情况的执法调研活动；地方各级人大常委会每年组织开展《中华人民共和国残疾人保障法》及其地方实施办法的执法检查和调研活动200多次。

全国政协多次组织《中华人民共和国残疾人保障法》实施情况的视察和调研，地方各级政协每年组织开展《中华人民共和国残疾人保障法》及其地方实施办法的视察和调研活动200多次。2015年、2016年、2017年，全国政协分别组织召开以"残疾人权益保障""重视特殊教育""无障碍环境建设"为主题的双周协商座谈会，产生良好的社会反响，有效推进了相关问题的解决。2016年全国政协社会和法制委员会与中国残联联合印发了《关于建立联络沟通机制的意见》，建立完善了相互间的协商工作机制。

各级司法机关依法维护残疾人的各项权益，努力让残疾人在每一起司法案件中都感受到公平正义。全国"两会"最高人民法院和最高人民检察院工作报告中涉及残疾人的内容明显增多。2015年国际残疾人日，最高人民检察院与中国残联联合印发《关于在检察工作中切实维护残疾人合法权益的意见》；2016年"全国助残日"前夕，最高人民法院公布10起残疾人权益保障的典型案例；2018年，最高人民法院与中国残联联合印发《关于在审判执行工作中切实维护残疾人合法权益的意见》；这些措施为各级人民法院、人民检察院更好地维护残疾人权益提供了重要遵循。各级公安机关积极履行职责，依法严厉打击侵犯残疾人合法权益的各种违法犯罪行为；开通12110短信报警平台，实现短信息报警，有利于听力残疾人在内的所有公民更方便地报警。

4.畅通残疾人反映利益诉求的渠道

《中华人民共和国残疾人保障法》第五十九条规定："残疾人的合法权益受到侵害的，可以向残疾人组织投诉。"各级残联认真履行代表、服务、管理职能，积极接受残疾人通过来信、来访、来电等方式反映问题和诉求。为了进一步拓宽残疾人利益诉求反映渠道，全国345个地市级以上地方全部开通12385残疾人服务热线，更加规范、高效地为残疾人服务；在全国范围内建成残疾人信访工作网上服务平台，残疾人可以通过互联网反映问题和诉求，上下级残联之间可以通过互联网交办、反馈信访件，不仅方便了残疾人，而且提高了残联的工作效率，也有利于通过大数据实现对残疾人面临的困难和问题的分析总结，推动相关问题的解决。

（二）残疾人公共法律服务体系优先建设

1.为残疾人参加诉讼活动提供便利

各级人民法院积极采取措施，为残疾人参加各种诉讼活动提供便利。2010年，最高人民法院进行统一部署，全国693个新建审判法庭和600多个人民法庭完成了无障碍设施建设，方便残疾人诉讼。2014年《最高人民法院关于进一步做好司法便民利民工作的意见》明确规定，做好预约立案工作，积极为残疾人提供立案、送达、调解等方面的便民服务，方便当事人诉讼；加强便民利民的场所设施建设，为残疾人参加庭审活动提供无障碍设施等便利。全国多个人民法院建立残疾人诉讼绿色通道，如江苏省镇江市润州区人民法院将所有残疾人案件的案卷贴上绿色专用标志，该案件即进入案件流转的绿色通道，在立案、审理、执行等程序方面更为方便快捷。全国多个人民法院设立残疾人法庭，专门审理残疾人案件。《中华人民共和国刑事诉讼法》明确规定，讯问聋哑犯罪嫌疑人，应当有通晓聋哑手势的人参加，并且将这种情况记明笔录。该规定有利于实现听力言语残疾人在诉讼过程中的信息交流无障碍。对于没有固定生活来源的残疾人和残疾人机构，可以根据最高人民法院《关于对经济确有困难的当事人提供司法救助的规定》，缓交、减交、免交诉讼费用。残疾人如果通过诉讼无法获得应得的赔偿，可以根据《关于建立完善国家司法救助制度的意见（试行）》规定，获得救助金。

2.不断完善残疾人公共法律服务

2017年司法部印发《关于"十三五"加强残疾人公共法律服务的意见》，明确指出，到2020年，公共法律服务网络体系覆盖所有残疾人，服务能力显著增强，服务质量明显提高，使所有残疾人在需要时都能获得普惠、精准、及时和优质高效的公共法律服务。截至2018年，全国设立残疾人法律援助工作站2600余个，建成法律援助便民服务窗口2600余个,方便残疾人就近、及时获得法律援助服务。2014至2018年,各级法律援助机构共为残疾人提供法律援助服务31.2万人次,为残疾人提供法律咨询124.2万人次。

2018年司法部与中国残联联合开展全国残疾人法律援助需求调查,完成了12个省份36个市288个村(居)委会的6618户残疾人入户调查工作,进一步掌握了残疾人法律援助基本情况,明确了加强残疾人法律援助工作的基本思路。司法部和中国残联正在联合开展"法援惠民生·关爱残疾人"法律援助品牌建设活动,积极创新残疾人法律援助服务方式,努力使更多残疾人获得更加专业、及时、方便的法律援助服务。针对律师等法律工作者不懂手语的情况,全国许多地方积极开展手语培训项目,提高法律工作者与听力残疾人的交流能力;针对手语翻译不懂法律知识的情况,积极开展法律知识培训项目,让手语翻译掌握更多法律知识。让法律工作者懂手语,让手语翻译懂法律,以便更好地维护残疾人在法律面前的平等地位。

3. 建立完善残疾人法律救助制度

为进一步促进残疾人获得法律服务,逐步在全国范围内建立了残疾人法律救助制度,作为国家法律援助制度和司法救助制度的重要补充。最高人民法院、最高人民检察院、公安部、司法部、民政部、人力资源社会保障部、教育部、卫生部、中国残联联合印发《关于加强残疾人法律救助工作的意见》,成立残疾人法律救助工作协调领导机构，指导地方设立残疾人法律救助工作站。截至目前，地方各级法院、检察、公安、司法、民政、人社、教育、卫健、残联等部门共同建立残疾人法律救助工作协调机构1988个，建立残疾人法律救助工作站1814个，每年办理一批残疾人法律救助案件，有效维护了残疾人的各项合法权益。

三、建立健全中国特色的残疾人工作机制

70年来，中国结合现实国情和文化传统，针对残疾人事业跨部门、多领域、业务广泛、综合性强的特点，在推进残疾人事业的工作实践中，形成了党委领导、政府负责、社会参与、残疾人组织充分发挥作用的残疾人工作体制，走出了一条社会化的发展路子。白皮书所强调的"残疾人工作体制"，根据《中共中央　国务院关于促进残疾人事业发展的意见》和国务院印发的《"十三五"加快残疾人小康进程规划纲要》文件精神，可以分两个层次表述：一方面，建立党委领导、政府负责的领导体制；另一方面，健全政府主导、社会参与、残疾人组织充分发挥作用的工作机制。

党委领导，就是充分发挥党在促进残疾人事业发展中的领导核心作用。党的领导是残疾人事业持续发展、残疾人状况加速改善的根本保证，是做好残疾人工作最大的政治优势。坚持党委领导、政府负责的残疾人工作领导体制，充分发挥社会主义制度的优越性，将解决残疾人最关心、最迫切、最现实的问题作为坚持

以人民为中心的发展思想和坚守弱有所扶的原则立场的具体体现，全心全意为残疾人服务，不断促进残疾人全面发展和共同富裕。党的领导为残疾人事业提供了坚强的政治、思想和组织保证。

政府负责，就是充分发挥各级政府在残疾人社会管理和公共服务中的主导作用，尤其是履行好残疾人基本民生保障的兜底责任。第一，政府要主导。30多年前，邓朴方同志就总结了政府对推动残疾人工作起主导作用的四个方面，即通过制定残疾人工作方针、规划，实行宏观协调及必要的监督；通过法律和政策解决残疾人的权益保障问题，对残疾人实施特殊的保护；通过政府各职能部门管理残疾人的救济、康复、教育、就业、文化体育等事宜；承担必要的拨款及财政负担。[1] 当前，政府在履行残疾人社会保障和公共服务职能方面作用更加突出，实现"国家扶持、市场推动"和"重点保障、特别扶助"的目标，是各级政府义不容辞的责任。第二，部门要履责。政府职能部门要各司其职，各负其责，分工合作，密切配合。《中共中央　国务院关于促进残疾人事业发展的意见》强调，中央和国家机关各有关部门、单位要将残疾人工作纳入职责范围和目标管理，密切配合协作，切实提高为残疾人提供社会保障和公共服务的水平。地方政府各部门和基层各单位也应当履职尽责。第三，残工委要履职。《中华人民共和国残疾人保障法》规定，县级以上人民政府负责残疾人工作的机

---

[1] 邓朴方.人道主义的呼唤（第一辑，1983—1995）.北京：华夏出版社，2006：178—187.

构,负责组织、协调、指导、督促有关部门做好残疾人事业的工作。《中共中央 国务院关于促进残疾人事业发展的意见》明确,各级政府残疾人工作委员会要强化职责,及时研究解决重大问题,统筹协调有关促进残疾人事业发展的方针、政策、法规、规划的制定和实施,监督检查落实情况。国家建立议事协调机制,是联合国《关于残疾人的世界行动纲领》和《残疾人权利公约》的基本要求,中国政府全面履约,自上而下建立政府残疾人工作机构,有效发挥议事、统筹、协调、监督职能。

社会参与,是强化残疾人工作中的社会责任,使社会方方面面的力量,包括残疾人所在的社区和残疾人家庭,都成为服务残疾人的主体。《中华人民共和国残疾人保障法》倡导全社会发扬人道主义精神,理解、尊重、关心、帮助残疾人,支持残疾人事业。建立健全社会动员和激励机制,广泛动员社会各方面参与扶残助残活动,形成发展残疾人事业的合力。这些力量包括国家机关、社会团体、企业事业单位和城乡基层群众性自治组织,也包括从事残疾人工作的国家工作人员和其他人员,以及数量众多的社会组织和个人。其中,群团组织、慈善机构和社会组织参与助残服务各具特色。工会、共青团、妇联等人民团体和老龄协会等社会组织发挥各自优势,维护残疾职工、残疾青年、残疾妇女、残疾儿童和残疾老人的合法权益。红十字会、慈善会、残疾人福利基金会等慈善组织为残疾人事业筹集善款,开展爱心捐助活动。在社会建设新的形势下,推行政府购买助残服务、培育发展助残社会组织、建立助残志愿服务队伍等等，中国残疾人事业正在形成接纳社会力量新的机制和能力。

残疾人组织充分发挥作用，就是充分发挥各级残联和各类社会组织等在发展残疾人事业和残疾人权益保护工作中的多方面优势和作用。中国残联及地方各级残联履行代表、服务、管理职能，成为党和政府联系残疾人的桥梁和纽带。中国残联是国家法律确认、国务院批准的由残疾人及其亲友和残疾人工作者组成的人民团体，其职能是代表残疾人共同利益，维护残疾人合法权益；团结帮助残疾人，为残疾人服务；履行法律赋予的职责，承担政府委托的任务，管理和发展残疾人事业。截至2018年，全国（除新疆生产建设兵团、黑龙江垦区外）共成立残联组织4.2万个。中国残联从成立之初，就设计了一套既顺应国际残疾人运动潮流，又体现中国国情和政治现实的组织架构，并自上而下不断完善了"纵向到底、横向到边"的残疾人组织体系。残联组织作为群众团体，发挥着党和政府联系广大残疾人的桥梁和纽带的作用。残联组织作为事业团体，既在体制内运行，又在社会各方面发挥作用；既有行政运作，又采取社会化的工作方式。从实践看，这样的设计，既有利于争取政府，也有利于发动社会。残联组织统一的代表性，使它能够集中代表、维护和发展各类别残疾人的共同利益；残联组织"亦官亦民"定位的灵活性，使它处于残疾人事业社会治理的枢纽地位，形成政策协调、资源整合和社会动员能力；残联组织社会化工作的开放性，使它可以适应形势变化调整，改革自身的组织结构与功能,并推动社会其他方面协调运作,形成一个更加合理的残疾人事业发展机制。在党中央、国务院的领导下,中国残联充分利用其独特地位和自身优势,担当起理念倡导者、利益代言者、政策协调者、服务示范者和权益维护者的多重角色,在较短的时间里打开了局面,逐步形成了工作体系,铺设了一条有序发展的轨道,并留下了深深的中国足迹。

撰 稿 人

厉才茂,中国残联研究室二级巡视员兼残疾人事业发展研究中心主任,残疾人事业发展研究会秘书长

王治江,中国残联维权部法规处处长

第三章　残疾预防与残疾人康复事业持续健康发展

党和政府高度重视残疾人健康权利保障。白皮书第三章概括了改革开放以来我国残疾预防和残疾人康复方面取得的标志性成就：颁布实施《残疾预防和残疾人康复条例》，残疾预防和残疾人康复法规政策逐步完善；发布《国家残疾预防行动计划（2016—2020年）》，残疾预防工作取得积极成效；残疾人康复机构从无到有，康复业务领域不断拓展，专业队伍逐渐壮大，工作体系、业务格局、运行机制逐步建立，服务能力日益提高，努力实现残疾人"人人享有康复服务"目标；建立残疾儿童康复救助制度，残疾儿童健康得到特别关注。

一、残疾预防和残疾人康复法规政策逐步完善

2017年，国务院颁布实施《残疾预防和残疾人康复条例》（以下简称《条例》），是我国残疾预防和残疾人康复法规政策逐步完善的一个重要标志。《条例》明确了我国残疾预防和残疾人康复工作的基本方针、工作要求，规定了政府、社会、公民的职责、权利和义务，是我国残疾预防与残疾人康复工作的基本遵循。《条例》规定："残疾预防和残疾人康复工作应当坚持以人为本，从实

际出发，实行预防为主、预防与康复相结合的方针。国家采取措施为残疾人提供基本康复服务，支持和帮助其融入社会。禁止基于残疾的歧视。""残疾预防工作应当覆盖全人群和全生命周期，以社区和家庭为基础，坚持普遍预防和重点防控相结合。""提供残疾人康复服务，应当针对残疾人的健康、日常活动、社会参与等需求进行评估，依据评估结果制定个性化康复方案，并根据实施情况对康复方案进行调整优化。制定、实施康复方案，应当充分听取、尊重残疾人及其家属的意见，告知康复措施的详细信息。提供残疾人康复服务，应当保护残疾人隐私，不得歧视、侮辱残疾人。"《条例》制定历时十年，这十年是我国残疾人事业加快发展、残疾人康复服务持续改善、政策建设和理论研究不断拓展的十年。《条例》面向实际需求，解决实际问题，充分反映了我国残疾预防与残疾人康复工作的成功经验和国际相关领域发展的最新理念，标志着我国残疾预防和残疾人康复事业迈入依法推进的新的历史时期。

我国残疾人预防和残疾人康复法规政策逐步完善的另一个重要标志是，加强制度建设以保障残疾人基本康复服务，先后将康复项目纳入基本医疗保障支付范围，建立了重度残疾人护理补贴制度和残疾儿童康复救助制度。将运动疗法等29项医疗康复项目纳入基本医疗保险支付范围，这项措施兼顾了各类康复领域、残疾类型和残疾人群，减轻了残疾人家庭的经济负担。重度残疾人护理补贴不与贫困挂钩，主要对残疾人因残疾产生的额外长期照护支出进行补助，是制度上的重大突破。残疾儿童康复救助制度的建立，为残疾儿童接受基本康复服务提供制度性保障，填补了我国残疾儿童康复服务保障制度的空白。

残疾人康复事业的发展是一个不断制度化的过程，在发展过程中对重度残疾人、农村残疾人、贫困残疾人和残疾儿童给予了特别关注。以残疾儿童救助制度为例，2009—2011年，中央财政安排专项补助资金，实施"贫困残疾儿童抢救性康复项目"。在"十二五"期间，国家实施了残疾儿童康复救助"七彩梦行动计划"项目，继续为贫困残疾儿童提供康复训练或辅助器具补贴。2018年6月，国务院决定建立残疾儿童康复救助制度，逐步实现0—6岁视力、听力、言语、肢体、智力等残疾儿童和孤独症儿童免费获得手术、辅助器具配置和康复训练等服务。

二、残疾预防工作取得积极成效

关注并推动残疾预防，是我国残疾人事业的一项重大任务。1988年国务院批准实施第一个《中国残疾人事业五年工作纲要（1988—1992）》之时，就明确把积极开展残疾预防作为残疾人事业发展的三项主要任务之一。此后历次残疾人事业发展规划都将预防残疾纳入其中，针对遗传、疾病、中毒、意外伤害、环境污染等主要致残因素，有重点地开展宣传教育并采取积极的干预措施。2008年颁布的《中共中央　国务院关于促进残疾人事业发展的意见》专设章节加强残疾预防工作，提出要"制定和实施国家残疾预防行动计划,建立综合性、社会化预防和控制网络,形成信息准确、方法科学、管理完善、监控有效的残疾预防机制"。"广泛开展以社区为基础、以一级预防为重点的三级预防工作",进一步把残疾预防明确为促进残疾人事业发展的一项重大任务。

针对残疾预防重点领域,我国先后制定实施了一系列专项行动和规划。2002年,为落实国务院办公厅《关于做好提高出生人口素质工作的意见》的目标和措施,积极响应2002年5月联合国儿童问题特别大会提出的持续降低婴儿死亡率的全球目标倡议,卫生部、中国残联联合制定《中国提高出生人口素质、减少出生缺陷和残疾行动计划(2002—2010年)》。为响应世界卫生组织"视觉2020,人人享有看见的权利"行动,推动到2020年消除可避免盲的战略目标,2006年卫生部和中国残联组织制定了《全国防盲治盲规划(2006—2010年)》。2007年,世界卫生组织和中国政府有关部门联合在北京召开了"首届国际听力障碍预防与康复大会",发布了旨在推动全球"人人享有健康听力"的《北京宣言》,中国残联、卫生部等8部门联合印发了《全国听力障碍预防与康复规划(2007—2015年)》。另外,还实施了计划免疫、控制营养不良和脑血管疾病致残、降低药物致聋发生率、特需人群补碘、控制和减少意外事故致残等重点预防工程。

2016年8月,我国出台了首个残疾预防国家级规划《国家残疾预防行动计划(2016—2020年)》,提出了"有效控制出生缺陷和发育障碍致残""着力防控疾病致残""努力减少伤害致残""显著改善康复服务"四项具体行动,并着力将残疾预防融入卫生、公安、安全生产等相关行业管理和服务之中,我国残疾预防工作翻开了新的一页。2017年,国务院正式批准将每年8月25日设立为"残疾预防日",强化公众残疾预防意识,普及残疾预防知识。"十三五"期间,在全国100个区县开展了残疾预防综合试验区试点工作,探索完善残疾筛查、评定、报告及干预一体化的工作机制。

随着我国医疗卫生、安全生产、交通安全、残疾人康复等工作不断发展,我国残疾预防工作取得了积极成效,尤其是传染性疾病、营养不良、药物中毒等造成的残疾大幅减少。近年来,我国又逐步加强了慢性病、精神障碍、伤害等的防治工作,为做好疾病和伤害致残预防工作奠定了基础。两次全国残疾人抽样调查数据表明,从1987年到2006年,在消除人口年龄结构的影响后,我国听力言语、视力以及智力残疾均出现了显著的下降趋势,年均下降速度分别为4.6%、3.7%和7.1%。

三、残疾人康复服务能力日益提高

我国有组织、有计划的残疾人康复工作开始于20世纪80年代,从三项抢救性康复项目起步,逐步发展成为覆盖多学科领域、满足各类别残疾人需要、多层次的康复服务体系,形成具有中国特色的康复事业。

——残疾人康复机构从无到有,专业队伍逐渐壮大。1988年

10月，我国建成了第一个现代化综合性康复机构——中国康复研究中心。截至2018年底，全国已有残疾人康复机构9036个，其中，1346个机构提供视力残疾康复服务，1549个提供听力言语残疾康复服务，3737个提供肢体残疾康复服务，3024个提供智力残疾康复服务，1962个提供精神残疾康复服务，1811个提供孤独症儿童康复服务，1929个提供辅助器具服务。康复机构在岗人员达25万人，其中专业技术人员17.6万人。在抓机构建设的同时，注重康复人才培养。2018年，全国621所中等、高等职业技术学校和普通本专科院校开设康复专业，毕业生人数为29334人。为进一步加强康复专业人才培养，建设中国康复大学已纳入"十三五"规划和《"十三五"加快残疾人小康进程规划纲要》，筹建工作已正式启动。

——形成了比较完备的康复工作业务格局。一是康复服务领域不断拓展，由最初抢救性的三项康复工作，即白内障复明手术、小儿麻痹后遗症矫治手术和聋儿听力语言训练，发展成为包括精神病综合防治康复、智力残疾人康复训练、盲人定向行走训练、脑瘫和孤独症儿童早期康复、辅助器具适配与供应服务等多个领域，覆盖各类残疾人需要、预防与康复并重的比较完整的业务格局。二是康复服务量大幅增加。例如，白内障复明手术量从"八五"期间的107万例增加到"十二五"期间的378.7万例；低视力配用助视器从"九五"期间的15.1万例增加到"十二五"期间的57.7万例；贫困残疾人减免费用装配普及型假肢从"十五"

期间的 6.1 万例增加到"十二五"期间的 14.5 万例。三是社区康复同步推进。我国从康复需求的多样性出发，1986 年开始引入社区康复，2000 年中国残联等 14 个部委共同签署《关于加强社区残疾人工作的意见》，社区康复覆盖面不断扩大。截至 2018 年，开展社区康复服务的市辖区为 1001 个，县（市）为 1749 个。四是实施残疾人精准康复服务行动。2016 年，中国残联、国家卫计委、国务院扶贫办联合下发《残疾人精准康复行动实施办法》，从项目思维模式下以完成规划任务为主，转变为全局思维下针对残疾人需求，全面规划、主动组织提供基本康复服务，确保残疾人"人人享有基本康复服务"。

——建立了管理、指导与服务统一协调的社会化工作体系和运行机制。各级政府相关行政管理部门组成残疾人康复工作办公室，负责组织管理、制定规划、筹措经费、协调实施；医疗及康复机构、专业学（协）会和各类专家组成技术指导组，充分发挥专业优势，培训人员、传授方法、提供咨询服务；依托城乡医疗保健、社区服务网络和残疾人家庭，搭建为残疾人提供康复服务的工作平台。组织管理网、技术指导网和康复服务网各有分工，有机结合，协调运作，体现了政府主导、部门配合、社会参与、共同推进的社会化工作机制。

中国残疾人事业发展统计公报数据表明，残疾人康复工作取得了显著成效。"十一五"和"十二五"十年间（2006—2015年），取得如下成效：

——802万白内障患者重见光明，其中281万贫困白内障患者免费进行了复明手术，实现了白内障致盲人数负增长的历史性突破。

——通过开展定向行走训练，帮助盲人走出家庭，融入社会生活；通过配用助视器，进行视功能训练，75万低视力者走出朦胧世界。

——通过听觉功能补偿与听觉重建及听力语言训练，帮助聋儿开口说话，进入普通幼儿园、普通小学接受教育，结束了"十聋九哑"的历史；实施贫困聋儿人工耳蜗、助听器抢救性康复项目，资助2.6万名聋儿免费植入人工耳蜗，6.9万名聋儿免费配戴助听器。

——广泛宣传麻风病"可防、可治、不可怕"，为麻风患者回归社会营造良好的社会氛围；为近万例麻风畸残者实施矫治手术，配备辅助用具，改善了他们的生存状况。

——为26.5万贫困残疾人减免费用装配普及型假肢，帮助肢残者改善功能，回归社会。

——大力推广"社会化、综合性、开放式"精神病防治康复工作，平均每年为500万重性精神病患者进行综合防治康复，被国际社会誉为"世界精神卫生史上规模最大的一次社会实践"。

四、残疾儿童健康得到特别关注

儿童残疾严重影响其未来认知、语言和学习技能的获得，严重威胁国家人口健康素质和民族竞争力。0—6岁是残疾儿童的最佳康复期，早发现、早干预、早康复是残疾儿童康复的关键，是惠及残疾儿童一生的抢救性工程。在这一时期对残疾儿童开展抢救性康复，不但可以减轻其残疾程度，还可以最大程度地补偿其生理和心理上的缺陷，最大程度地发挥他们的潜能，为其入学、就业、融入社会创造条件，对残疾儿童的一生具有重要影响。

遵循儿童利益最大化原则，党和政府高度重视残疾儿童的抢救性康复。《中共中央 国务院关于促进残疾人事业发展的意见》提出，"优先开展残疾儿童抢救性治疗和康复，对贫困残疾儿童康复给予补助，研究建立残疾儿童康复救助制度"。为更全面、更可持续地保障残疾儿童的基本康复权利，国务院2018年发布《关于建立残疾儿童康复救助制度的意见》，正式建立残疾儿童康复救助制度。

"十一五"期间，中央财政安排专项资金实施"贫困残疾儿童抢救性康复项目（2009—2011年）"，包含贫困聋儿（人工耳蜗）康复项目、贫困聋儿（助听器）康复项目、贫困肢体残疾儿童康复项目、贫困智力残疾儿童康复项目、孤独症儿童康复项目、辅助器具适配康复项目等6个子项目，服务对象涵盖了各类残疾儿童，项目资金7.1亿，救助儿童数达5.9万人。"十二五"期间加大了救助力度，资助2.4万名聋儿免费植入人工耳蜗，资助3.5万名聋儿免费配戴助听器，资助2.7万名贫困肢体残疾儿童实施矫治手术，年均资助3.4万名脑瘫儿童和3.5万名智力残疾儿童进行机构康复训练。另外,"十二五"期间中国残联与国家卫计委共同下发《0—6岁儿童残疾筛查工作规范（试行）》,"十三五"期间将"0—6岁儿童残疾筛查"列为全国残疾预防综合试验区创建试点工作的重要任务,儿童残疾预防工作得到加强。

我国在残疾预防和残疾人康复工作上取得了显著成绩,但依然存在一些影响和制约残疾预防和残疾人"人人享有康复服务"目标实现的突出矛盾：残疾人规模持续增长与残疾预防机制不完善之间的矛盾,残疾人康复需求不断加大与康复服务供给不足之间的矛盾,康复服务机构迅速增加和康复人才队伍匮乏之间的矛盾等。当前残疾预防和残疾人康复事业的发展又面临新的机遇：党的十九大提出加强残疾康复服务；国务院颁布实施《残疾预防和残疾人康复条例》,进一步巩固残疾预防与康复工作的法律地位；残疾预防和康复已被列入健康中国战略和国家基本公共服务目录。我们要抓住机遇,从实际出发,坚持以人为本,实行预防为主、预防与康复相结合的方针,推动解决存在的突出矛盾,促进我国残疾预防和残疾人康复事业持续健康发展。

参考文献：

[1] 程凯.加强残疾预防是发展残疾人事业的一项重大任务.残疾人研究,2011,1（1）：13-17.

[2] 程凯.我国残疾人康复工作的回顾与展望.中国康复理论与实践,2008,14（3）：201-205.

[3] 陶慧芬，江传曾，唐利娟.中国特色残疾人康复事业发展道路探析.残疾人研究，2018，30（2）：21-29.

[4] 胡向阳.依法推进残疾预防与残疾人康复事业.中国康复理论与实践，2017，23（2）：128-130.

[5] 中国残疾人联合会."十三五"加快残疾人小康进程规划纲要专题解读.北京：华夏出版社，2016：126-142.

[6] 中国残疾人联合会.中国残疾人事业十二五发展纲要辅导读本.北京：华夏出版社，2011：97-116.

[7] Zheng XY, Chen G, Song XM, et al. Twenty-year trends in the prevalence of disability in China. *WHO Bulletin*, 2011, 89: 788-797.

撰 稿 人

宋新明，北京大学人口研究所教授

第四章　新中国残疾人教育七十年

新中国成立七十年来，国家高度重视保障残疾人享有平等受教育的权利，颁布并修订《残疾人教育条例》，将残疾人教育纳入《国家中长期教育改革和发展规划纲要（2010—2020年）》《中国教育现代化2035》和《"十三五"推进基本公共服务均等化规划》，制定实施两期《特殊教育提升计划》，不断提高残疾人教育普及水平，着力办好特殊教育，积极发展融合教育，努力提高特殊教育质量，残疾人教育事业取得了举世瞩目的成绩。

一、建立完善具有中国特色的现代特殊教育体系，全面保障残疾人平等受教育的权利

受教育权是每个公民成长与发展的自然本质属性和法定权利，也是残疾人改变命运、充分平等参与社会生活的基本保障和根本措施。新中国成立七十年来，党和政府始终把保障残疾人平等受教育权、发展特殊教育放在改善残疾人民生和社会事业发展的突出位置，予以高度重视，采取了一系列重大措施，建立完善具有中国特色的特殊教育体系和支持保障体系，加强特殊教育立法和制度建设，为残疾人平等接受教育、实现全面

发展提供了坚实的制度保障。

（一）加强特殊教育立法，为残疾人实现平等受教育权提供法律保障

新中国第一部《中华人民共和国宪法》明确规定，残疾人平等享有包括教育权在内的所有公民的基本权利，《中华人民共和国残疾人保障法》更加明确规定，国家保障残疾人平等受教育的权利。《残疾人教育条例》依据《中华人民共和国宪法》和《中华人民共和国教育法》《中华人民共和国义务教育法》等相关法律的有关规定，对各级人民政府发展特殊教育的义务、国家发展特殊教育的方针、残疾人教育安置方式和特殊教育体系等重大问题做了较为系统的规定，这些规定为保障残疾人平等受教育权提供了基本法律依据。

（二）加强具有中国特色现代特殊教育体系建设，为残疾人成长成才提供制度保障

残疾人平等受教育权的实现需要完备的教育体系予以保障。新中国成立之初，百废待兴，党和政府很快就将发展特殊教育学校提到议事日程上，毛泽东主席曾以亲笔信对盲文改革和盲人教育做出批示。随着新中国第一次教育体制改革，我国特殊教育也实现了从旧教育向社会主义新教育的转型。改革开放后，国家更加重视残疾人教育发展，制定残疾人教育法规，召开全国特殊教育工作会议，在《国家中长期教育改革与发展规划纲要（2010—2020）》（以下简称《规划纲要》）中，进一步确立特殊教育在国

民教育体系中的独特地位，并就发展各类特殊教育、完善特殊教育体系做出顶层设计，随后下发的一期、二期《特殊教育提升计划》中具体细化了《规划纲要》提出的任务，各级人民政府按照《规划纲要》和《提升计划》的任务要求，加快发展各类特殊教育，涵盖了学前教育、初等教育、中等教育和高等教育，初步形成以普通学校随班就读为主体，以特殊教育学校为骨干，以送教上门和远程教育为补充的特殊教育体系。可以预见，随着新时代教育现代化、教育强国的建设步伐不断加快，一个与国家终身教育制度体系相衔接配套的现代终身特殊教育体系终将建立并完善，这将为残疾人随时随地接受教育、成长成才提供更加有利的保障。

（三）加强特殊教育支持体系建设，为残疾人接受平等教育提供条件和体制保障

关心和支持特殊教育，健全特殊教育保障机制，是《规划纲要》明确提出的重要改革任务，也是国家保障残疾人平等受教育权、发展特殊教育的重要措施。为形成这一支持保障机制，国家出台了一系列倾斜政策，深化教育体制改革：一是建立以教育部门为办学主体，民政、残联和社会力量辅助的办学体制、管理体制和齐抓共管的工作运行机制。二是建立以政府为主导的特殊教育发展经费保障机制，确保特殊教育公共支出持续增长。2008年至2015年，全国义务教育阶段在普通学校和特殊教育学校就读的残疾学生年均公用经费标准提高到每年6000元。国家实施两期特

殊教育学校建设项目，财政投入71.42亿元，新建、改扩建中西部地区1182所特殊教育学校，支持61所残疾人高等院校、中等职业学校和特殊师范院校改善办学条件。自2014年开始，中央特教专项补助经费提高到每年4.1亿元，支持范围由中西部地区扩大到除京津沪以外的所有省份。三是建立残疾学生受教育资助机制。国家基本形成从幼儿园到高等院校的残疾儿童和残疾学生受教育的资助体系，自2016年秋季学期起，免除普通高中家庭经济困难的残疾学生的学杂费，从而实现家庭经济困难残疾学生从小学到高中阶段的12年免费教育。在国家针对城乡义务教育学生免除学杂费、免费提供教科书、对家庭经济困难学生补助生活费的基础上，各省市还增加了针对残疾学生的资助项目，并逐步提高资助标准。江苏、浙江等部分省市实施残疾学生从小学到高中免费教育的制度。上述这些政策措施和机制的形成，为支持特殊教育事业发展、保障残疾人平等受教育权提供了更加优厚、更加有力的条件保障和体制保障。

二、大力普及残疾人九年义务教育和非义务教育阶段教育，全面提高残疾人受教育水平

全面普及和提高残疾人受教育水平，是我国政府保障残疾人平等受教育权的重要措施，也是一个社会文明进步和现代化发展水平的体现。自新中国成立以来，特别是改革开放以来，国家以保障残疾儿童少年平等受教育权为目标，始终坚持发展残疾人教

育事业，实行普及与提高相结合、以普及为重点的方针，保障义务教育，着重发展职业教育，积极开展学前教育，逐步发展高级中等以上教育，普及残疾人教育工作取得了显著成绩。

（一）大力普及残疾儿童少年九年义务教育

我国政府及教育主管部门高度重视普及残疾儿童少年九年义务教育这项事关中华民族素质提高和国家振兴的基础教育工程，将其作为国家教育战略发展的"重中之重"，纳入全国普及九年义务教育的总体规划，并积极依法加以推进。各地按照"全覆盖、零拒绝"的要求，通过实施"中西部特殊教育学校建设工程"、提高特殊教育学校招生能力、扩大普通学校残疾学生随班就读规模及送教上门等多种方式，最大限度地保障适龄残疾儿童少年接受义务教育的权利。特殊教育在校生数量逐年大幅度上升，视力、听力、智力等各种类别的残疾儿童少年受教育机会明显增加。截止到2018年，在校就读的残疾学生已达66.6万人，比2013年增加了29.8万人，增长了81%。

（二）积极发展残疾儿童学前教育和以职业技术教育为主的高中阶段教育

进入新世纪以来，各地根据《规划纲要》和第一期、第二期《特殊教育提升计划》的要求，加快了特殊教育向学前教育和高中阶段教育"两头延伸"的发展进程。一是加快残疾儿童学前教育发展。科学研究证明，在儿童发展敏感期，及早对残疾儿童进行早期干预和早期教育，对于残疾儿童的身心改善和各方面发展，都能起到事半功倍的效果。所以，对于残疾儿童学前教育应给予更多的关注和支持。国家发展残疾儿童学前教育，主要采取融合教育和举办特殊学前教育机构等方式，不断扩充残疾儿童学前教育规模，除鼓励普通幼儿园积极招收残疾儿童外，还鼓励特殊教育学校增设学前班或附属幼儿园，鼓励各级残联和社会力量兴办残疾儿童学前教育或康复机构，将家庭经济困难的残疾儿童接受学前教育纳入幼儿资助范围。2016年，3万多名在园残疾幼儿获得专门资助。2012年至2018年，残疾人事业彩票公益金助学项目共投入约3.1亿元，为10.5万人次家庭经济困难的残疾儿童提供学前教育资助。二是加快残疾人职业技术教育发展。职业技术教育是培养残疾人职业技能、促进他们充分就业的基本途径和重要手段。国家发展残疾人职业技术教育的主要措施是：制定《关于加快发展残疾人职业教育的若干意见》，举办残疾人高中部（班），鼓励和依托普通职业高中、技校和中专学校通过融合教育方式招收更多残疾学生入学，扩大残疾人接受高中阶段教育的机会。2018年，全国共有残疾人中等职业学校（班）133个，在校生19475人。

（三）稳步发展残疾人高等教育

高等教育是残疾人获得体面工作和幸福生活的门票。在发展残疾人高等教育方面，国家主要采取以下三方面措施。一是努力畅通残疾人接受高等教育的渠道，制定《残疾人参加普通高等学校招生全国统一考试管理规定》，为残疾人参加高考提供合理便利和必要支持。2012年至2018年，全国共有6.22万残疾考生进入普通高校学习。在普通高校招生录取工作中，教育部明确要求，对肢体残疾、生活能够自理、能完成所报专业学习且高考成绩达到要求的考生，高校不能因其残疾而不予录取，切实维护残疾考生权利。二是实施残疾人单考、单招政策，增加残障考生上大学的机会。教育部批准同意22所高校面向残障考生采取单独考试、单列计划、单独录取。三是国家鼓励普通高校采取融合教育方式，更多地招收残疾学生进入大学接受高等教育。此外，国家开放大学残疾人教育学院在籍残疾学生有8000多人。残疾人还可选择函授、远程教育等方式接受成人高等教育。改革开放以来，已有12.1万名残疾学生被普通高校录取，2万余名残疾学生进入高等特殊教育学院学习[①]。

三、积极推进融合教育，促进残疾人充分平等融入社会

随班就读，是我国融合教育发展的本土实践和独特方式，也是国家为残疾儿童普及九年义务教育、保障他们的平等受教育权利而采取的一项基本国策。早在1956年，在我国大巴山区就已有老师进行了随班就读实践探索。20世纪80年代中期开始，教育部为在全国范围普及残疾儿童九年义务教育，在"金钥匙计划"的基础上，自上而下在全国推进开展随班就读，先后在盐

---

① 残疾人高等教育年招生数和在校生规模，根据中国残疾人联合会教就部提供的2015年数据整理而成

城、无锡和海安等地,召开全国随班就读试点工作推进现场会。1994年,教育部还专门出台《关于开展残疾儿童少年随班就读工作的试行办法》(教基〔1994〕16号),指导和推动全国融合教育的开展。经过数十年的发展,随班就读成为我国发展特殊教育的主要方式,有力地加快了普及残疾儿童九年义务教育的发展进程,保障了残疾人平等受教育的权利,促进残疾人更加充分、平等地融入社会。

进入21世纪后,国家将发展融合教育作为特殊教育现代化发展的重要目标和主要任务,积极加以推进。首先是将融合教育首次写进《残疾人教育条例》,明确提出对残疾儿童实施普通教育或特殊教育,优先实施普通教育;《中共中央办公厅 国务院办公厅关于深化教育体制机制改革意见》明确指出,要完善特殊教育融合发展机制,改进特殊教育育人方式,强化随班就读,建立健全融合教育评价、督导检查和支持保障制度;《中国教育现代化2035》和《第二期特殊教育提升计划(2017—2020年)》等文件均依法将积极推进融合教育确立为新时代我国特殊教育体制改革和现代化发展的目标方向和主要任务,要求各地结合本地实际,全面积极地加以落实。其次是加强随班就读支持体系建设,努力提高随班就读质量。各地依据上述文件的精神要求,大力加强融合教育行政管理支持机制、专业服务机制、文化支持机制和评价督导机制建设,加强普通学校特殊教育资源教室建设,配备专兼职教师,不断完善随班就读支持保障体系,有力地促进融合教育规模的扩大和教育质量的逐步提高。在普通学校就读的残疾学生数由2013年的19.1万人增加到2018年的33.2万人，增长了73.8%。近10年来，残疾学生在普通学校就读的比例均超过50%。

四、坚持立德树人，努力办好特殊教育

提高特殊教育质量，是保障残疾人平等受教育权的重要内容，也是特殊教育长期发展的一项根本任务和艰巨任务。《残疾人教育条例》明确规定，残疾人教育应提高教育质量。党的十九大明确提出：办好特殊教育，让每一个残疾学生都能享受公平而有质量的教育，这为新时代我国特殊教育的发展指明了方向。新中国成立以来，各地各级各类特殊教育学校和普通学校全面贯彻国家教育方针，深化课程与教学改革，加强教师队伍建设，提高教育质量，培养了一批批像张海迪一样的德智体美劳全面发展的社会主义英才，为国家经济与发展做出了重要贡献。

（一）明确人才培养方向，坚持立德树人

培养什么样的人，是教育的根本问题。国家教育方针明确规定，我国教育是培养德智体美劳全面发展的社会主义事业建设者和接班人，这就决定了残疾人教育的性质和人才培养的方向。因此，残疾人教育应当贯彻国家的教育方针，坚持立德树人，并根据残疾人的身心特点和需要，全面实施德智体美劳五育，加强潜能开发和缺陷补偿，全面提高其素质，为残疾人平等地参与社会生活创造条件。

（二）推进课程改革，不断提高教育教学质量

课程是提高人才培养质量的决定性要素。为此，国家先后进行三次特殊教育课程改革。第一次是1957年，教育部根据建立社会主义新教育体制的改革要求，先后出台了聋校和盲校教学计划，初步确立了我国特殊教育学校的课程框架，明确了教育的社会主义性质。第二次是1993年，当时的国家教委根据特殊教育迅速发展的新形势和新要求，印发了《全日制聋校课程计划（试行）》和《全日制盲校课程计划（试行）》，1994年，又根据新工时制对全日制盲、聋、弱智学校的课程（教学）计划进行调整。第三次是从2007年开始，教育部根据基础教育课程改革发展素质教育和时代发展需要，颁布三类特校九年义务教育课程方案；2016年12月，教育部正式下发了盲校、聋校和培智学校九年义务教育各科教学标准，并组织编写九年义务教育阶段各科教科书。这三次课程改革，不仅基本建构了具有中国特色、适应时代发展的三类特校课程体系，有效地规范了特殊教育学校的各科教学，而且有力地促进了特殊教育学校提高教育质量。

（三）加强特殊教育教师队伍建设，提高教师专业化水平

教师是提高教育质量的根本，教师强则教育强。为此，国家采取了有力措施，加强特殊教育教师队伍建设：一是国家颁发了《特殊教育教师专业标准》，全面对教师理想信念、职业道德、专业认识、专业知识和专业能力提出要求，引导和规范特殊教育教师队伍建设，促进特殊教育教师队伍专业化水平不断提高。二是

加强特殊教育教师培养和教师培训，鼓励高校开设特殊教育专业。截至2018年6月，全国已有61所普通本科高校开设特殊教育专业，在校生1万余人。2018年，全国高职院校开设特殊教育专业点37个；遴选确定华东师范大学等5所院校实施卓越特殊教育教师培养改革项目，在"国培计划"中专设特教学校校长和骨干教师培养项目。截至2018年，培训特教学校骨干教师10298名、校长726名。三是加强特殊教育教师管理，形成教师专业发展机制。各地按照"四有"好教师要求，进一步加强教师师德建设和教师队伍管理，逐步建立与特殊教育教师专业标准相配套的特殊教育教师证书制度、教师考核和职称评审等一系列制度[1]，不断提高特殊教育教师待遇和地位，形成教师发展机制，促进教师不断努力提高自身专业素质。

撰 稿 人

丁勇，江苏省残疾人联合会副巡视员，研究员

---

[1] 教育部《关于下发〈特殊教育教师专业标准〉（试行）的通知》（教师〔2015〕7号）

第五章　残疾人就业创业政策助力残疾人脱贫增收

就业是残疾人融入社会、实现自身价值的重要途径。新中国成立以来,我国残疾人就业经历了福利企业的兴衰,按比例就业的逐步推进,辅助性就业、公益性岗位就业的兴起,个体就业、灵活就业的蓬勃发展和支持性就业的积极探索,形成了丰富多样的就业形式。我国政府历来重视残疾人就业与创业,不仅从法律层面保障残疾人就业权利的实现,在公共政策方面也推出了各种支持和促进残疾人就业、创业的政策。在改善残疾人就业环境的同时,也为残疾人就业与创业提供各种服务和培训,助力残疾人就业能力的提升。除了积极关注城镇残疾人就业外,更注重结合精准扶贫、乡村振兴等重大国家战略,助推农村残疾人就业增收。

一、残疾人的就业权利受到法律保护

为使残疾人平等地参与就业和创业,切实保护残疾人的就业创业权利,我国出台了一系列法律法规。从内容上看,这些法律法规可分为专门性法律法规和非专门性法律法规。专门性法律法规如《中华人民共和国残疾人保障法》(以下简称《残疾人保障法》)、《残疾人就业条例》等。《残疾人保障法》对残疾人就业作了明确规定，要求各级人民政府采取优惠政策和扶持保护措施，实现残疾人多渠道、多层次、多形式就业。《残疾人就业条例》对残疾人就业方针、政府职责、用人单位责任、保障措施、就业服务及法律责任等作了详细规定。比如对于用人单位的责任，《残疾人就业条例》规定，用人单位应当按照一定比例安排残疾人就业，并为其提供适当的工种、岗位。用人单位安排残疾人就业的比例不得低于本单位在职职工总数的1.5%。用人单位安排残疾人就业达不到其所在地省、自治区、直辖市人民政府规定比例的，应当缴纳残疾人就业保障金。非专门性法律法规如《中华人民共和国宪法》（以下简称《宪法》）、《中华人民共和国就业促进法》（以下简称《就业促进法》）等。《宪法》第45条明确规定，"国家和社会帮助安排盲、聋、哑和其他有残疾的公民的劳动、生活和教育"。《就业促进法》则对保障残疾人的劳动权利作了详细规定，要求各级人民政府应当对残疾人就业统筹规划，为残疾人创造就业条件。此外，地方各级人民代表大会和各级人民政府也发布了促进残疾人就业、鼓励残疾人创业的规范性文件，保障残疾人平等就业。

在残疾人劳动权利的保护方面，我国法律给予了重要保障。最高人民法院发布的典型案例中，就有依法保障残疾人劳动权利、维护残疾人合法权益的重要案例。如，孔某系一级智力残疾人，2011年12月孔某与北京某物业管理公司签订劳动合同，合同期限为2年，至2013年11月30日终止。2013年7月，孔某个人在不理解签署的文件性质的情况下签署了离职申请。孔某起诉至人民法院要求北京某物业管理公司支付解除劳动合同经济补偿金。依据《残疾人保障法》第二十七条规定的"国家保障残疾人劳动的权利"和第三十四条规定的"在职工的招用、聘用、转正、晋级、职称评定、劳动报酬、生活福利、劳动保险等方面，不得歧视残疾人。残疾人群体自强不息、自尊自立，参加适合其自身能力的劳动，应当予以支持"，人民法院认为，因孔某不具备对签订劳动合同、签署离职申请等涉及个人重大利益的行为的判断能力和理解能力，且不能预见其行为后果，重大民事行为应由其法定代理人代理或者征得法定代理人的同意。孔某代理人对孔某签署离职申请的行为不予认可，孔某签署离职申请的行为应属无效，双方的劳动合同应继续履行至合同期限终止。北京某物业管理公司应当依照劳动合同法对孔某支付终止劳动合同经济补偿金。[①]本案的判决结果彰显了我国司法在切实保障残疾人劳动的权利，维护残疾人合法权益中的重要作用。劳动权是残疾人的一项基本权利，我国法律会依法维护残疾人的权益，保障残疾人劳动就业权的实现。

二、残疾人就业创业得到政策支持

随着市场经济的不断发展，越来越多的残疾人开始打破旧有观念，选择个体创业和灵活就业。残疾人自主创业，是指残疾人

---

① 中国法院网 https://www.chinacourt.org/article/detail/2016/05/id/1861038.shtml

通过创办经济实体、社会组织等形式实现就业，包括在工商行政管理部门依法登记成立个体工商户、各类企业、农民专业合作社等生产经营主体，在民政部门登记成立各类社会团体、民办非企业单位等社会组织，经人力资源社会保障部门认定的其他自主创业。残疾人灵活就业，是指从事非全日制、临时性和弹性工作等实现就业，包括从事家庭副业、家政服务、修理装配、便民理发、绿化保洁等，以及经人力资源社会保障部门认定的其他灵活就业。为了促进残疾人就业创业活动的有效开展，我国政府针对各种就业形式出台了大量支持性的政策和措施。

2013年中共中央组织部等7部门出台了《关于促进残疾人按比例就业的意见》（残联发〔2013〕11号）。意见明确提出，要推动党政机关、事业单位及国有企业带头安排残疾人就业，规定到2020年，所有省级党政机关、地市级残工委主要成员单位至少安排有1名残疾人。各级残联机关干部队伍中都要有一定数量的残疾人干部，其中省级残联机关干部队伍中残疾人干部的比例应达到15%以上。

2015年《国务院关于加快推进残疾人小康进程的意见》（以下简称《意见》）指出，促进城乡残疾人及其家庭就业增收，是提高残疾人生活水平，加快残疾人小康进程的关键举措。要加大帮扶力度，努力帮助每一位有劳动能力和就业意愿的城乡残疾人参加生产劳动，使他们通过劳动创造更加幸福美好的生活。《意见》指出，要大力支持残疾人多种形式就业增收；建立残疾人创业孵化机制，残疾人创办的小微企业和社会组织优先享受国家扶持政策，对其优惠提供孵化服务；对符合条件的灵活就业残疾人，按规定给予税费减免和社会保险补贴，有条件的地方可以帮助安排经营场所、提供启动资金支持；政府开发的公益性岗位优先安排符合就业困难人员条件的残疾人。

2018年中国残疾人联合会联合国家发改委等15部门印发了《关于扶持残疾人自主就业创业的意见》（残联发〔2018〕6号，以下简称《意见》），明确了20多项促进残疾人自主就业创业、脱贫解困的扶持政策。这些政策包括为残疾人自主就业创业提供合理便利和优先照顾、落实税收优惠和收费减免、提供金融扶持和资金补贴、支持重点对象和"互联网+"创业、提供支持保障和就业服务等多个方面。其中规定，残疾人创办经济实体和社会组织时，相关部门应提供合理便利，优先办理登记注册手续。政府和街道设立相关便民服务网点时，应预留不低于10%给残疾人。残疾人本人为社会提供的服务和加工、修理修配劳务，按照有关规定免征增值税。对残疾人个人取得的劳动所得，按照有关规定减征个人所得税。对残疾人自主就业创业的，按照有关规定免收管理类、登记类和证照类等有关行政事业性收费和具有强制垄断性的经营性收费。残疾人创办具有公益性、福利性且在民政部门登记为民办非企业单位的经营场所用电、用水、用气、用热按照民用标准收取。此外，残疾人自主创业、灵活就业的经营场所租赁、启动资金、设施设备购置符合规定条件的，可由各地给予补贴和小额贷款贴息。特殊教育院校教育类、残疾人高校（含技师学院）等毕业生按规定享受求职创业补贴。重点扶持残疾人自主就业创业致富带头人和非遗继承人。残疾人利用网络就业创业的，给予设施设备和网络资费补助。《意见》还要求，2018年底前各省、自治区、直辖市和计划单列市至少建有一个残疾人创业孵化基地。

三、残疾人就业创业服务和培训广泛开展

我国省、市、县三级政府建立了专门的残疾人就业服务机构，截至2018年，全国残疾人就业服务机构已建成2811家，可以为残疾人就业提供全方位服务，包括：组织开展残疾人职业培训；发布残疾人就业信息；为残疾人提供职业心理咨询、职业适应评估、职业康复训练、求职定向指导、职业介绍等服务；为残疾人自主择业提供必要的帮助；为用人单位安排残疾人就业提供必要的支持；受劳动保障部门的委托，残疾人就业服务机构可以进行残疾人失业登记、残疾人就业与失业统计；经所在地劳动保障部门批准，残疾人就业服务机构还可以进行残疾人职业技能鉴定等。

残疾人服务呈现出多样化趋势，网络服务的发展为科技创新促进残疾人创业就业提供了便利。2015年7月开通的中国残疾人就业创业网络服务平台是依托中国残联所属的中国残疾人服务网搭建的专业服务平台，服务对象涵盖残疾人、用人单位、就业服务机构和社会助残机构。平台以"功能全面、业务开放、服务精

准、管理严格"为原则,汇集各类就业信息并开展动态化管理,通过网络提供政策宣传与指导、残疾人企业及产品展示推介、残疾人就业岗位招聘、残疾人就业培训、网上居家就业等网络服务。平台旨在通过挖掘、整合残联就业创业服务资源,汇集、融合政府和社会各方力量,以"互联网+残疾人就业服务"线上线下协同服务模式,实现横向互联、纵向贯通,为残疾人和用人单位提供职介服务、职业培训、职业能力测评、创业指导、产品展示和政策宣传等服务,推进残疾人大众创业、万众创新。中国残疾人服务网年度浏览量超过150万,累计注册用户数量近4万人,发布招聘需求企业信息2.2万个。平台将不断提升服务能力,逐步建设成残疾人就业服务的数据中心、资源中心、展示中心和服务中心。这意味着现代化服务网络开始让残疾人享受科技进步带来的创业就业便利。

截至2018年底,全国已建成国家级残疾人职业培训基地582家,残疾人培训得到了广泛开展。2016—2018年,平均每年培训残疾人超过50万人次。经过多年的实践,残疾人职业培训也形成了较多有特色的项目,如面点制作、烹饪、手工编织、家电维修、服装剪裁、盲人按摩、计算机操作等。除了这些传统培训项目外,得益于"互联网+"的发展,残疾人获得了大量的与电子商务相关的培训,这极大地拓展了残疾人就业创业的机会。2016年起,中国残联与阿里巴巴集团联合推出了"淘宝创业公益通道""淘宝云客服"等残疾人创就业公益项目,帮助弱势群体及残障人士实现网上就业创业。根据中国残联、阿里巴巴大数据显示，目前阿里电商平台共有17.41万家残疾人网店，这些网店在过去三年创下了298.4亿元销售额。据最近一年（2018年6月至2019年5月）的数据，残疾人淘宝店销售额为116亿元。①随着科技的不断发展，未来网络给残疾人带来的就业机会会更多，"互联网+"职业培训模式将成为助力残疾人就业创业的重要桥梁。

四、残疾人就业方式丰富多样

我国的残疾人就业形式与经济体制的转变紧密相关，在不同的时期残疾人就业有不同的表现形式。新中国成立后，我国实行劳动型福利，安排残疾人就业是残疾人经济保障的主要渠道。在计划经济体制下，我国安置残疾人就业的主要途径是集中就业。改革开放后，残疾人个体就业人数越来越多，并逐步成为残疾人的主要就业形式。20世纪90年代，我国大力发展按比例分散就业，就业人数逐步接近集中就业人数。21世纪以来，残疾人公益性就业和辅助性就业在各地得到发展。到目前为止，我国残疾人就业已形成按比例就业、集中就业、个体就业、辅助性就业、公益岗位就业、灵活就业、支持性就业等多样化的就业形式，呈现出多种形式并存、多种渠道并进的鲜明特点。

从近三年残疾人就业统计数据来看，总体而言，全国城乡持证残疾人就业数量较为稳定。总就业人数维持在900余万人左右，

---

① 参见《2019阿里巴巴公益助残报告》

城乡残疾人就业人数相对平均。农村残疾人就业主要集中于从事农业种植、养殖和加工。对城镇残疾人就业者来说，从就业形式来看，灵活就业所占比例较大，超过50%。除此之外，按比例就业和个体就业所占比重较大，集中就业则维持在30万人左右。公益性岗位就业和辅助性就业则是近年来残疾人就业新的增长点，所占比例虽然较低，但发展态势良好。

表1　2016—2018年我国持证残疾人就业数量（单位：万人）

年份	残疾人城乡就业		城镇残疾人不同就业形式					
	从事农业种养加残疾人总计	城镇就业残疾人总计	集中就业	按比例就业	个体就业	公益性岗位就业	辅助性就业	灵活就业
2018	480.1	468.3	33.1	81.3	71.4	13.1	14.8	254.6
2017	472.6	469.5	30.2	72.7	70.6	9.0	14.4	272.6
2016	451.2	444.9	29.3	66.9	63.9	7.9	13.9	262.9

数据来源：中国残疾人事业发展统计公报（2016—2018）

2015年中国残联出台的《关于发展残疾人辅助性就业的意见》（残联发〔2015〕27号，以下简称《意见》），在用地、资金、税费、劳动生产项目等方面给予辅助性就业机构重点扶持。辅助性就业机构具有庇护性、非营利性和福利性等特点，机构营利除维持正常开支外，只能用于招录更多的残疾人。残疾人与用人单位之间可以签订劳动合同，也可以签订相关的服务协议；劳动报酬可以低于最低工资；劳动时间可以低于最低工作时间。《意见》要求，到2020年，所有县（市、旗）应至少建有一所残疾人辅助性就业机构，基本满足具有一定劳动能力的智力、精神和重度肢体残疾人的就业需求。该政策的出台促进了残疾人辅助性就业的快速发展。

公益性岗位是指主要由政府出资扶持或社会筹集资金开发的，符合公共利益的管理和服务类岗位，包括：公共设施维护，社区保安、保洁、保绿、停车看管等，各级机关事业单位的后勤服务岗位，以及适宜就业困难人员再就业的其他公益性岗位。开发公益性岗位是一项就业援助制度，最初主要是为解决大龄下岗失业困难人员的就业问题。公益性岗位就业人员可获得岗位补贴和社会保险补贴，收入虽然不高，但解决了其基本的生活保障问题。由于公益性岗位具有政府主导性、公益性和救济性的特点，它已成为残疾人等就业困难群体的就业新渠道。《"十三五"加快残疾人小康进程规划纲要》提出，政府开发的公益性岗位优先安排符合就业困难人员条件的残疾人。各地区也纷纷出台了残疾人公益岗位就业的相关政策，并提出了残疾人公益性岗位就业的比例应达到10%—30%。

在另一残疾人就业较为集中的行业——盲人医疗按摩方面，截至 2018 年，全国共培训盲人保健按摩人员 19732 名，盲人医疗按摩人员 10160 名；保健按摩机构 16776 个，医疗按摩机构 1126 个；在专业技术职务资格评审中，953 人获得盲人医疗按摩人员初级职务任职资格，122 人获得中级职务任职资格。可以看出，在盲人按摩领域就业的残疾人从业人员总数较为稳定，盲人保健按摩事业已经超越了盲人医疗按摩事业，保健按摩成为盲人就业的主要领域，而且发展势头强劲。

表2 2016—2018年盲人按摩机构残疾人就业情况

年份	盲人按摩机构（个）		培训人员（人）		盲人按摩就业人数（人）		
	保健	医疗	保健	医疗	保健	医疗	从业总数
2016	18605	1211	18997	5267	27629	2830	30459
2017	19257	1255	20796	7217	26879	3156	30035
2018	16776	1126	19732	10160	22161	3021	25182

数据来源：《中国残疾人事业统计年鉴》（2016、2017、2018年）

2016年，中国残联在《残疾人就业促进"十三五"实施方案》中指出，要积极探索支持性就业。调动各类社会资源，以智力、精神残疾人为主要对象，以扶持其在劳动力市场实现就业为目的，继续在部分省市开展残疾人支持性就业试点。扶持建设残疾人就业辅导员培训专业机构（基地），培训2500名就业辅导员，帮助更多残疾人实现支持性就业。由于支持性就业目前还处于探索期，因此在国家层面并未出台关于支持性就业的细则文件，而在一些地方则开始进行相关政策的试行。如2017年北京市出台了《北京市残疾人支持性就业服务办法（试行）》（以下简称《办法》），旨在通过动员社会力量提供就业辅导服务，为残疾人和用人单位提供个性化、专业化就业支持，帮助残疾人实现按比例就业。该《办法》主要对提供支持性就业服务的社会机构给予补贴，服务对象并未局限于智力、精神残疾人，还包括了听力残疾人和经各级残疾人就业服务机构3次推荐就业未能就业的残疾人。融合就业是未来残疾人就业发展的趋势，虽然目前在我国还没有得到大范围的推行，但支持性就业所提供的适合残疾人就业的个性化服务将随着社会对残疾人就业认知的进步和融合就业的深化而获得长足的发展。

五、产业扶贫助推贫困残疾人就业增收

精准脱贫、乡村振兴给残疾人就业带来了新契机。在精准扶贫的决胜阶段，最重要的扶贫对象就是因病致贫和因残致贫等特殊困难群体。精准扶贫要求对扶贫对象进行精准识别，利用当地残疾人人口数据库对贫困残疾人进行建档立卡，以保证所有符合条件的贫困残疾人纳入建档立卡范围，进而实施"一人一策"的精准扶贫对策。精准扶贫的五种渠道之一有"扶持生产和就业发展一批"，对于有一定劳动能力的残疾人而言，帮助其通过就业实现脱贫是最好的方式。具体而言，对于从事农业生产、有培训需求的农村残疾人，可以结合农村当地的产业优势，开展针对性强、见效快的实用技能培训。积极培育残疾人就业扶贫基地，加大资金支持力度，巩固扩大其安置残疾人就业、辐射带动残疾人脱贫致富的成效。对于有自主创业愿望的残疾人，为其提供扶持资金，激发其创业热情，扩大创业带动就业的倍增效应。此外，还可以通过为贫困残疾人组织专场招聘会的形式为残疾人就业搭建服务平台，为残疾人创造更多高质量的就业机会和就业选择。

实施乡村振兴战略是2018年党和政府提出的重大历史任务，

《乡村振兴战略规划（2018—2022年）》中要求提升农村劳动力就业质量，包括拓宽就业渠道和强化乡村就业服务，这也为农村残疾人就业提供了新机遇。各地建设的振兴乡村产业示范中心成立的残疾人就业创业基地，为扶持有一定能力的、有创业愿望的残疾人创业致富以扩大残疾人扶贫就业的覆盖面提供了重要依托。如四川省成都市郫都区残联在战旗村"乡村十八坊"内设立郫都区残疾人文化创意产业基地，培养本地及周边区县残疾人的文创产业发展意识和能力，帮助其实现就近就便创业致富。同时郫都区残联还在"乡村十八坊"内配套孵化了"乡村振兴"残疾人文创产品展销点，实现集产品制作展示、参观学习、体验销售为一体的运作方式。依托残疾人产业基地，创新残疾人就业创业方式，是农村残疾人通过就业实现创收脱贫的一条有效途径。

撰 稿 人

赖德胜，中共中央党校（国家行政学院）教授、中国残疾人事业发展研究会副会长暨残疾人劳动就业专业委员会主任

廖娟，首都师范大学副教授、中国残疾人事业发展研究会残疾人劳动就业专业委员会副主任兼秘书长

第六章　残疾人基本生活得到保障，社会保障水平不断提升

70年来，我国残疾人社会保障权利不断完善，残疾人基本生活得到保障，生活水平同步提升；残疾人按照"普惠＋特惠"的原则参加和享有包括社会救助、社会保险、社会福利等在内的社会保障制度，和全国人民一道平等参与社会建设，并共享国家经济社会发展成果。

一、残疾人的社会保障权利不断完善

权利有应然权利、法定权利和实然权利之分。应然权利是民众应该有的权利，法定权利是通过法律制度确认了的权利，法定权利经由政策落实到民众，民众便获得并享有实然权利。受各种环境条件的制约，并不是所有的应然权利都能即时实现，法定权利是权利实现的必要条件。权利也是有层次的，最基本的是生命权和生存权，在此之上有包括教育、就业、社会保障等在内的发展权。近年来，我国残疾人的生命权、生存权和发展权等通过各种法律、法规和制度的完善而不断得以实现。

首先，《中华人民共和国宪法》明确规定："公民在年老、疾

病或者丧失劳动能力的情况下，有从国家和社会获得物质帮助的权利；国家和社会保障残废军人的生活，抚恤烈士家属，优待军人家属；国家和社会帮助安排盲、聋、哑和其他有残疾的公民的劳动、生活和教育。"

其次，《中华人民共和国残疾人保障法》于1990年颁布，并分别于2008和2018年进行修订，该法进一步明确了"残疾人在政治、经济、文化、社会和家庭生活等方面享有同其他公民平等的权利"，并规定"国家保障残疾人享有各项社会保障的权利"。2010年颁布实施的《中华人民共和国社会保险法》规定，"保障公民在年老、疾病、工伤、失业、生育等情况下依法从国家和社会获得物质帮助的权利"，并明确指出，丧失劳动能力的残疾人所需的基本医疗保险个人缴费部分，由政府给予补贴；参加基本养老保险的个人在未达到法定退休年龄时因病或者非因工致残完全丧失劳动能力的，可以领取病残津贴。此外，2016年通过的《中华人民共和国慈善法》将助残列为国家鼓励开展的慈善活动。

再次，在法规层面，2014年颁布实施的《社会救助暂行办法》，除将基本生活有困难的残疾人纳入最低生活保障范围外，还明确要求县级以上地方人民政府对获得最低生活保障后生活仍有困难的重度残疾人采取必要的生活保障措施，将符合条件的成年无业重度残疾人按照单人户纳入最低生活保障范围。同时，明确国家对无劳动能力、无生活来源且无法定赡养、抚养、扶养义务人，或者其法定赡养、抚养、扶养义务人无赡养、抚养、扶养能力的残疾人给予特困人员供养，并依法享有医疗、教育和住房等方面的救助。《工伤保险条例》对因工致残的各种情况和伤残津贴作出具体规定，为伤残劳动者的基本生活和权益维护提供保障。《军人抚恤优待条例》对因战致残、因公致残或因病致残军人的伤残评定、安置、就业、住房、护理以及残疾军人子女的优待等做了详细规定，为残疾军人的基本生活和权益保障提供了较为全面的依据。

此外，我国实施的各种社会保障相关政策都对残疾人基本生活和社会保障权利的实现给予了支持与保障，残疾人在基本生活和社会保障方面的获得感大大增加。

二、残疾人基本生活得到保障

残疾人的基本生活保障可以分为两部分：一部分是对贫困地区残疾人的基本生活保障，另一部分是对非贫困地区的贫困残疾人的基本生活保障。

改革开放 30 多年来，中国 7 亿多贫困人口摆脱贫困，极端贫困人口比例从 1990 年的 61% 下降到 2014 年的 4.2%。[①] 自 2015 年底中共中央、国务院发布《关于打赢脱贫攻坚战的决定》以来，我国贫困人口每年减少 1000 万以上，是世界上减贫人口最多的国家。2018 年末，全国农村贫困人口还有 1660 万人。

---

① 中华人民共和国国务院新闻办.中国的减贫行动与人权进步.北京：人民出版社，2016.

由于残疾影响、受教育程度偏低、缺乏技能、机会不均等、扶贫资金投入不足等原因，残疾人尤其农村残疾人是贫困人口中贫困程度最重、扶持难度最大、返贫率最高、所占比例较大的特困群体，也是我国扶贫的重点对象。2001年，国务院扶贫开发领导小组、财政部和中国残联等多个部委联合发布《农村残疾人扶贫开发计划（2001—2010年）》，将解决贫困残疾人的温饱问题、提高贫困残疾人的生活质量和综合素质作为任务目标。据统计，21世纪的前十年间，政府通过各种方式累计扶持农村残疾人2015.7万人次，1318万名残疾人摆脱贫困，54.6万个农村贫困残疾人家庭通过实施中央彩票公益金农村危房改造项目改善了居住条件，868万名贫困残疾人接受农村实用技术培训。2012年1月3日，国务院办公室印发1号文件《农村残疾人扶贫开发纲要（2011—2020年）》，要求以残疾人社会保障体系和服务体系建设为主线，以增加贫困残疾人家庭收入、提升贫困残疾人生活质量为目标，以提高农村残疾人基本素质和生存发展能力为重点，全面改善农村残疾人生产生活状况，与全国人民一道共享国家改革发展成果。

党的十八大以来，政府将贫困残疾人脱贫纳入国家脱贫攻坚战略布局，并作为脱贫攻坚的重要内容，在制度设计、政策安排、项目实施上给予支持。面对贫困残疾人依然人口数量多、贫困程度深、致贫原因复杂、脱贫难度大等突出困难和问题，2016年，国务院扶贫办、国家发展改革委、中国残联等26部门专门制定《贫困残疾人脱贫攻坚行动计划（2016—2020年）》，并出台电子商务助残扶贫行动、产业扶持助残扶贫行动等配套实施方案。2018年，中共中央、国务院发布《关于打赢脱贫攻坚战三年行动的指导意见》，要求集中精力攻克贫困的难中之难、坚中之坚，并专节部署贫困残疾人脱贫行动，要求将符合条件的建档立卡贫困残疾人纳入农村低保和城乡医疗救助范围；鼓励有条件的地方逐步扩大困难残疾人生活补贴和重度残疾人护理补贴政策覆盖面；优先为贫困家庭的有康复需求的残疾人提供基本康复服务和辅助器具适配服务；对16周岁以上有长期照料护理需求的贫困重度残疾人，符合特困人员救助供养条件的纳入特困人员救助供养；对不符合救助供养条件的贫困重度残疾人，鼓励地方通过政府补贴、购买服务、设立公益岗位、集中托养等多种方式，提供集中照料或日间照料、邻里照护服务；并要求资产收益扶贫项目优先安排贫困残疾人家庭。2011年至2018年，中央财政加大金融资金投入，累计安排康复扶贫贴息贷款53亿元，使35万贫困残疾人受益。经过这一系列"组合拳"后，我国建档立卡的贫困残疾人的人数已由2015年的600多万减少到2018年年底的169.8万左右，每年平均减少100多万。

对于非贫困地区的生活困难的残疾人，通过包括城乡最低生活保障、特困人员救助和医疗救助、教育救助、住房救助以及临时救助等项目在内的社会救助制度，为其提供基本生活保障。按照"普惠+特惠"的原则，这里的"社会救助"有两层意思。一是残疾人和健全人一样,以家庭收入为主要依据,在遇到困境时依法享受社会救助的各项保障。二是在普惠救助制度的基础上,还有一些特别面向残疾人的救助政策。比如,对贫困残疾人、重度残疾人、一户多残家庭给予重点救助,综合采取措施保障其基本生活;在城市公租房、旧住宅区整治建设中,优先安排贫困残疾人住房;资助符合条件的贫困残疾人参加基本医疗保险,并对基本医疗保险、大病保险和其他补充医疗保险支付后难以负担的个人自负合规医疗费用给予补助;通过贷款贴息帮助残疾人进行危房改造等。自2017年起,中央财政集中支持农村贫困残疾人家庭等4类重点对象改造危房,户均补贴标准为1.4万元。部分省市还对低收入残疾人家庭的生活用水、电、气、暖等基本生活支出给予优惠和补贴。截至2018年3月,全国共有904.4万残疾人享受城乡最低生活保障。2018年,全国共有62万残疾人享受公租房保障,中央财政共支持176.5万户农村贫困残疾人家庭完成危房改造,近90万残疾人被纳入特困人员救助供养范围。

三、残疾人社会保障水平不断提升

除社会救助外,残疾人的社会保障权利还通过社会保险和社会福利与优待制度实现。

(一)残疾人社会保险保障力度持续增强

我国的社会保险制度包括养老保险、医疗保险、生育保险、工伤保险、失业保险以及部分地区试行的长期护理保险。就业残疾人按照《中华人民共和国劳动法》和《中华人民共和国劳动合同法》的规定依法参加社会保险并享受待遇;未就业的残疾人参加城乡居民基本养老保险和城乡居民基本医疗保险制度;有护理需求并满足条件的残疾人,可参加试点地区实施的长期护理保险并享受基本护理服务待遇。以上为残疾人参加社会保险的一般情况,除此之外,政府还加大了对残疾人参保的支持力度,如对招用符合条件的就业困难残疾人的企业给予参保补贴,对个人缴纳社会保险有困难的残疾人给予代缴支持,对城乡贫困残疾人和重度残疾人参保给予补贴,通过"垫小板凳"的方式帮助残疾人参加社会保险,抵抗人生中面临的生老病死风险。截至2018年,2561.2万城乡残疾人参加城乡社会养老保险,1024.4万残疾人领取养老金。595.2万重度残疾人中有576万人得到了政府参保补助,代缴养老保险费比例达到96.8%;另有298.4万非重度残疾人享受全额或部分代缴养老保险费的优惠政策。在多种措施的保障和支持下,近年来,残疾人参加各项社会保险的人数和比例持续上升,2018年,持证残疾居民养老保险参保率为79.2%。而在2007年,城镇和农村持证残疾居民参加基本养老保险的比例仅分别为33.3%和2.3%。

与残疾人相关的其他社会保险制度也不断完善。如2010年修订的《工伤保险条例》完善了工伤鉴定的相关细节,提高了工伤致残的补偿标准,在一定程度上减轻了伤残劳动者的家庭负担。2018年,全国参加工伤保险人数为23874万人,评定伤残等级人数为 56.9 万人，享受工伤保险待遇人数为 198.5 万人。此外，部分地区还探索建立了残疾人意外伤害保险制度。如北京市出台《北京市残疾人意外伤害保险暂行办法》，通过用活残疾人就业保障金，对残疾人乘坐对其免费的公共交通工具期间，游览对残疾人免票的旅游景区期间，免费进入文物馆、博物馆、美术馆、文化馆、图书馆等公共场所期间，参加各级党政机关、残联或社会组织举行的各种活动或进入其设立的服务设施期间及往返途中可能发生的意外伤害进行风险与成本分散，减少残疾人的出行顾虑，增加其参与社会活动的机会。

（二）残疾人福利体系初步建立

残疾人福利体系包括残疾人津贴/补贴制度、残疾人福利服务和残疾人优待等。我国从 2016 年 1 月起全面实施困难残疾人生活补贴制度和重度残疾人护理补贴制度。2018 年，全国有困难残疾人生活补贴对象 1005.8 万人，重度残疾人护理补贴对象 1193 万人，发放补贴超过 230 亿元。目前也正在探索这两项补贴之外的其他残疾人补贴制度，如残疾人出行燃油补贴、精神障碍和智力障碍残疾人看护补贴等。北京市自 2016 年建立严重精神障碍患者看护补贴制度以来，年度领取重症精神障碍患者监护补贴的人数都超过 2 万人。

残疾人福利服务主要体现在残疾人托养服务上。我国重度残疾人有 2500 多万，有托养需求的近千万。家庭为残疾人提供的照料虽说安全、放心有温情，但也存在一些问题，比如家庭照料服务水平较低,很难满足残疾人对专业医疗和专业健康照料服务的需求。家庭照顾还存在"双重消极"效应[①]:一方面,家庭成员照顾残疾人需要花费更多时间和精力,间接影响生活水平的提高,有些家庭成员甚至不能工作并由此陷入贫困;另一方面,接受家庭成员照顾,会使残疾人认为自己是家庭的负担和累赘,存在一定程度的心理压力。

社会化托养服务有利于减轻重度残疾人及其亲属的负担,进而增加家庭收入,全国各地在这方面积极开展实践,也探索出了一些重度残疾人托养服务的好方法、好经验。截至2018年底,全国共有托养服务机构8400多个,比2012年底增长了近一倍,为22.3万残疾人提供托养服务,为88.8万残疾人提供居家服务。但目前托养服务的问题也很明显:贫困低收入地区还缺乏足够的资金支持托养服务;从全国范围看,残疾人托养服务也还缺乏统一的制度、标准和资金保障,托养服务质量和管理水平也有待提高。托养服务尤其是农村托养服务,是社会基本公共服务的一部分,既需要政府支持,也需要全社会的大力帮助。

政府也出台了一系列残疾儿童保护服务政策。2016年国务院印发的《关于加强困境儿童保障工作的意见》明确要求:"加强残疾儿童福利服务,对于0—6岁视力、听力、言语、智力、肢体残疾儿童和孤独症儿童,加快建立康复救助制度。"2018年,1074.7万残疾儿童及持证残疾人得到基本康复服务,其中0—6岁儿童

---

① 杨立雄.中国残疾人事业典型案例.北京:人民出版社,2012:176.

15.7万人。在目前已有的9036个残疾人康复机构中，专门为孤独症儿童提供康复服务的有1811个。此外，各地也在探索和完善其他方式的残疾人服务。如2019年8月，浙江省残疾人联合会会同省发改委、财政厅、民政厅、卫生健康委等七部门发布了《关于推进"残疾人之家"规范化建设的意见》，为更好地满足智力残疾、精神残疾和其他重度残疾人的照护需求提供服务。

我国还建立了部分残疾人优待制度。如公园、旅游景点和公共文化体育设施对残疾人免费或优惠开放，多数城市大力推行无障碍设施建设，并对残疾人搭乘市内公共交通工具给予便利和优惠。此外，对军人、警察等特殊伤残群体实施抚恤和优待政策。

综上所述，经过70年的努力建设，我国残疾人的日常基本生活和生老病死、急难等风险，目前已有一套相对成型且不断完善的制度体系来预防与化解，这个体系基本按照"普惠+特惠"的原则设计并实践，既保障了残疾人作为社会成员的一般权利，又实现了残疾人作为特殊社会成员的特殊权利。在这个体系的保障下，我国残疾人的基本生活状况日益得到改善，陷入困境的风险和概率逐渐降低，参与社会活动、社会互动的机会日益增多，抵御人生困难、解决人生问题的能力越来越强，基本的生存权和发展权都得到保障并得以实现，且水平越来越高。

撰 稿 人

谢琼，北京师范大学中国社会管理研究院/社会学院教授

第七章 加快推进城乡无障碍环境建设，提升残疾人个人行动能力，促进融合发展①

无障碍环境建设是指为便于残疾人等社会成员自主安全地通行道路、出入相关建筑物、搭乘公共交通工具、交流信息、获得社区服务所进行的建设活动，是为全社会成员提供通行安全和使用便利的重要措施，特别是保障残疾人、老年人、儿童、伤病人等社会特殊群体独立自主、安全出行、平等参与社会生活的重要条件。辅助器具的供应和适配服务，能够帮助残疾人改善身体功能，促进其参与教育、就业并融入社会，过上独立和有尊严的生活。无障碍环境建设与辅助器具供应和适配服务相辅相成，互为补充，是残疾人更好地融入社会的车之两轮、鸟之两翼。

中国高度重视无障碍环境建设和辅助器具供应与适配工作。习近平总书记在听取冬奥会和冬残奥会筹备工作情况汇报、在全国卫生与健康大会发表重要讲话时，强调要重视无障碍环境建设。李克强总理指出，要重视无障碍与辅助器具工作。新中国成立特别是改革开放以来，我国无障碍环境建设和辅助器具

---

① 本文在撰写过程中学习借鉴了中国残疾人辅助器具中心、中国残联信息中心的相关资料，在此表示谢意！

工作取得了长足进步,为残疾人实现全面小康、融合发展创造了条件。

无障碍环境建设政策法规、标准体系逐步完善。《残疾人保障法》《老年人权益保障法》《防震减灾法》《道路交通安全法》《建设工程质量管理条例》《城市道路管理条例》《政府信息公开条例》等法律法规完善了无障碍环境建设的相关规定。2012年8月,国务院颁布了《无障碍环境建设条例》,这是我国第一部专门的无障碍环境建设行政法规,明确了依法开展无障碍环境建设是政府责任和社会义务。特别是党的十八大以来,《公共文化服务保障法》《残疾预防和残疾人康复条例》《残疾人教育条例》等进一步明确了无障碍环境建设要求;河北、山西、陕西、吉林、江西、广东等16个省市区出台《无障碍环境建设条例》地方实施办法;相关市县出台了无障碍环境建设法规、规章、规范性文件,为开展无障碍环境建设工作提供了法律法规依据。

1989年4月,建设部、民政部、中国残联颁布实施了我国第一部《方便残疾人使用的城市道路和建筑物设计规范(试行)》,标志着我国无障碍环境建设开始起步。根据经济社会的发展和残疾人的需求,2002年对该标准进行了修订,更名为《城市道路和建筑物无障碍设计规范》。2012年进行第二次修订,上升为《无障碍设计规范》国家标准。2011年,住房城乡建设部发布《无障碍设施施工验收及维护规范》国家标准;2008年、2017年国家质检总局、国家标准化管理委员会分别发布实施《标志用公共信息图形符号第9部分：无障碍设计符号》《城市公共交通设施无障碍设计指南》等国家标准。行业标准方面，2000年，中国民航总局制定了《民用机场旅客航站区无障碍设施设备配置标准》，2009年进行了修订；2003年，建设部、教育部制定了《特殊教育学校建筑设计规范》；2005年，铁道部制定了《铁路旅客车站无障碍设计规范》；2012年，工业和信息化部修订了《网站设计无障碍技术要求》；2018年，中国银行业协会颁布了全国《银行无障碍环境建设标准》。目前，我国已形成了以《无障碍设计规范》国家标准为主干，以各行业标准、团体标准为配套的无障碍环境建设标准规范体系，为规范我国城乡无障碍环境建设提供了技术支撑。

城乡无障碍环境建设全面推进。从"十五"开始，住房城乡建设部、中国残联等部门联合制定无障碍环境建设实施方案，积极推进无障碍环境建设。"十五"期间，在北京、上海等12个城市开展了创建全国无障碍设施建设示范城市活动，探索了城市开展无障碍设施建设的工作模式。"十一五"期间，创建活动扩展到100个城市。"十二五"期间，对市县一级无障碍环境建设工作进行了部署，共有50个市县获选全国无障碍建设示范市县，143个市县获选全国无障碍建设创建市县。2015年2月，住房城乡建设部、中国残联等部门联合下发了《关于加强村镇无障碍环境建设的指导意见》，提出了村镇无障碍环境建设的指导思想、基本原则、目标任务和主要措施，推进无障碍环境建设由城市逐步向农村发展。2018 年，住房城乡建设部、中国残联等 5 部委联合印发了《关于开展无障碍环境市县村镇创建工作的通知》，要求在两年时间内在全国创建 150—300 个无障碍环境市县，创建 30 个以上无障碍环境示范村镇。通过系统推动，我国城乡无障碍环境建设水平进一步提升，无障碍环境建设的范围更加广泛、水平显著提高。近年来，各级残联还积极推动无障碍环境建设由公共设施向残疾人家庭延伸，通过将贫困重度残疾人家庭无障碍改造纳入脱贫攻坚大局、危房改造、易地扶贫搬迁，争取地方财政加大支持力度，引导社会力量参与等"五个一批"措施，三年来共推动近 300 万残疾人家居环境得到了不同程度的改善，提高了残疾人及其家庭成员的生活质量，助力了残疾人脱贫攻坚和小康进程。

信息无障碍建设的步伐加快。截至目前，我国已发布了《通信终端设备无障碍设计原则》《读屏软件技术要求》《信息技术互联网内容无障碍可访问性技术要求与测试方法》等 10 余项信息无障碍国家标准，批准发布了《网站设计无障碍技术要求》《视障者互联网信息服务辅助系统技术要求》等 10 余项信息无障碍行业标准，正在推进《视障者多媒体信息处理技术要求》《移动通信终端无障碍测试方法》等多项标准制修订。信息无障碍标准的完善为残疾人便利使用信息通信设备、获取互联网信息、操纵辅助装置等提供有效支撑。2017 年，中国残联、工信部下发《关于支持视力听力言语残疾人信息消费的指导意见》，指导各地为视力听力言语残疾人发放信息消费补贴，基础电信企业为视力、听力、言语残疾人提供信息消费优惠。截至目前，共有23个省、自治区、直辖市出台了信息消费具体支持办法，福建、贵州等地还扩大到所有持证残疾人。2016年，中央网信办、中国残联下发《关于加强网站无障碍服务能力的指导意见》，积极推进政府网站和社会公共服务网站的无障碍建设与改造，工信部指导中国互联网协会推进网站信息无障碍公益普及行动，为弱势群体及时获得政务信息和公共服务提供便捷方式。截至2018年，500多家政府单位完成了信息无障碍公共服务平台建设，3万多个政务和公共服务网站实现了无障碍服务。手语、盲文的规范化涉及听力残疾人和视力残疾人的切身利益，全面建成小康社会，加快提升残疾人教育和文化水平，对手语、盲文规范化提出了迫切要求。2018年，《国家通用手语常用词表》和《国家通用盲文方案》正式颁布实施，自此听力言语残疾人有了"普通话"，视力残疾人有了"规范字"。中央电视台在党的十八大、十九大以及每年"两会"等重大会议直播中加配了手语播报服务。从2011年起，中央电视台每天18:00播出的《共同关注》栏目开设手语播报窗口，大部分影视作品加配了字幕。截至2018年底，全国共有省、地市级电视手语栏目295个，全国省、市、县三级公共图书馆共设立盲文及盲文有声读物阅览室1124个，为视力残疾人和听力言语残疾人获取信息提供了便利。阿里巴巴、腾讯、百度等互联网企业对其产品进行无障碍优化，提升残疾人学习、娱乐、网购等上网体验。

阿里巴巴集团旗下淘宝、天猫、钉钉、夸克、闲鱼等多款产品进行了无障碍优化，手淘推出"读光OCR"技术，使视力残疾人可以"听图下单"。蚂蚁金服旗下"支付宝"为了保障视障用户的资金安全，上线了业内首个密码键盘读屏功能。阿里巴巴同时还积极推动残疾人互联网就业及培训实践。腾讯通过多项数字技术为残障群体的生活创造便利条件，旗下手机QQ、微信、QQ空间、企鹅FM、全民K歌、QQ音乐、腾讯网等多款产品进行无障碍优化，其中QQ空间利用AI技术落地信息无障碍服务，采用"图像描述生成"技术，让视障用户也可以"看到图片"，让视力残疾人能够更有效、更广泛、更深入地参与互联网社交。百度旗下百度阅读、百度APP、百度地图、百度公益平台等产品进行了无障碍优化，并将信息无障碍指标纳入了公司级长期战略和产品规范要求，不断完善专项标准和操作手册，从理念、标准、实际操作等维度对相关员工进行定期专门培训。除此之外，滴滴、字节跳动、华为、随手科技、鹏华基金、OPPO、壹米互联等数十家互联网企业，也在工信部、中国残联、深圳市信息无障碍研究会等单位和机构的倡导下，关注信息无障碍领域，从APP、网站、硬件设备、微信小程序等方面着手，开展无障碍优化，探索人工智能在信息无障碍领域的应用，推动我国信息无障碍的发展。

相关行业无障碍环境建设取得了重要进展。交通运输部非常重视残疾人、老年人出行环境建设，在政策制度、技术标准、设施建设和运营服务方面出台了一系列举措。在政策制度体系建设方面，联合中国残联、铁路总公司等7部门出台了《关于进一步加强和改善老年人残疾人出行服务的实施意见》（交运发〔2018〕8号），提出了到2035年，基本建成完善的交通运输无障碍出行服务体系，持续改善覆盖全面、无缝衔接、安全舒适的无障碍出行服务环境，无障碍出行服务水平显著提升，基本满足老年人、残疾人美好生活的出行需要。在标准规范体系建设方面，出台了《综合客运枢纽服务规范》等相关标准规范16项，在研标准11项，在设施设备配置、安全引导标示、医疗救助服务、出行服务保障等方面作出详细规定，提升无障碍出行服务水平。北京市城市主要线路实现公交车低地板化，极大地提高了有特殊需求人群乘车的便利性。上海市逐步将城市公交车更新为无障碍公交车，采用移动踏板和一级踏步。广州市配置无障碍公交车，鼓励公交企业优先选用技术先进的低底盘车辆。北京、上海、广州、杭州等地还专门投放了无障碍出租汽车，成立"爱心车队""敬老车队""助残车队"等，对于方便残疾人出行发挥了重要作用。目前，全国大部分城市都配备车载LED显示和语音报站系统，一些城市的公交车安装了车载导盲系统，并为视力残疾人配送导盲终端机。铁路主管部门采取措施，加快推进铁路旅客车站无障碍改造，同时制定了列车无障碍改造工作计划：对没有无障碍设施的列车车组，每个车组各改造一个无障碍座席车厢和一个无障碍卧铺车厢。目前共改造了近4000节无障碍车厢。中国铁路总公司、中国残联还下发了允许导盲犬乘坐火车的规定。中国银保监会、中国银行业协会进一步加强和改善了对残疾人的金融服务，保障残疾人平等获得银行业金融服务的权利。截至2018年末，中国银行业营业网点数达到22.86万个，据不完全统计，其中设置轮椅坡道的网点近6万个，设置盲道的网点1万个，设置呼叫按钮或服务电话的网点6万多个，安放爱心座椅的网点10万多个，设立爱心窗口的网点近9万个，配备盲文业务指南的网点1.5万个，配备助盲卡的网点近4万个，投放低位自助设备的网点1.5万个，配备语音叫号系统的网点近12万个，配备叫号显示屏的网点近12万个；配备盲文密码输入器的网点4.5万个，配备语音播报点验钞机的网点3.5万个，设立无障碍卫生间的网点0.5万个，设立无障碍停车位的网点近3万个，为残疾人享受优质、便捷、人性化的金融服务创造了条件。国家邮政局、最高人民法院也积极采取措施，推进邮政系统、法院系统加强无障碍设施建设，提升信息交流和无障碍服务水平。

辅助器具供应和适配服务发展迅速。伴随着中国改革开放的不断深入和经济社会的发展，中国的辅助技术有了长足发展，更多残疾人能够走出家门，享有教育、就业、融入社区的权利，成为积极、有贡献的平等的社会成员。《中华人民共和国残疾人保障法》于1991年实施并在2008年进行修订，使得中国残疾人辅助技术的发展及残疾人享有辅助技术服务有了法律依据。政府在制定国家发展战略、政策和行动规划时，都将辅助技术的发展作为重要内容。仅2016年至今，部委及以上级别的文件当中，提到辅助技术（或辅助器具）的文件就近 20 个。其中，为保障产品的供给和服务的传递，中国政府分别制定了《国务院关于加快发展康复辅助器具产业的若干意见》和《辅助器具推广和服务"十三五"实施方案》。《国务院关于加快发展康复辅助器具产业的若干意见》制定了到 2020 年产业规模突破 7000 亿元的目标，提出了增强自主创新能力、促进产业优化升级、扩大市场有效供给、营造良好市场环境等四方面任务，旨在全面推动中国的辅助器具产业发展。《辅助器具推广和服务"十三五"实施方案》提出，2016—2020 年期间，有需求的持证残疾人辅助器具适配率要达到 80%。目前我国已建立起包括国家、省、市、县、社区五个层级的辅助器具适配服务网络，承接辅助器具服务机构数量超过 3000 个，为服务机构配置了 2400 多辆流动服务车，服务人员达 3 万余人。这个网络的有效运行，基本实现有辅具需求的残疾人能够及时得到配置、维修、更换等服务，包括让边远地区的残疾人也能够得到服务。依托这一网络，通过组织实施彩票公益金辅助器具服务、残疾儿童抢救性康复、"长江新里程计划""福康工程"等一系列辅助器具服务项目，自 1996 年以来，已为 1500 万人次提供了服务。

残疾人个人行动能力显著提升。驾驶机动车是残疾人的重要权利。在中国残联积极呼吁、推动、配合下，在公安部、工信部、交通运输部、卫计委、原国家质检总局等部委的重视下，近些年来，残疾人驾车的身体条件逐步放宽。2003 年，公安部允许左下肢残疾人驾驶汽车；2010 年，公安部放开了右下肢、双下肢残疾人及佩戴助听器的听力残疾人驾驶汽车；2016年，修订《机动车驾驶证申领和使用规定》，放开优眼裸视力或者矫正视力达到对数视力表5.0以上且水平视野达到150度的单眼视力障碍和一只手掌缺失、另一只手拇指健全、其他手指有两指健全的上肢残疾人等人员申领机动车驾驶证。公安部还配套制定、修订了《机动车驾驶人考试工作规范》《驾驶人考试内容与方法》等工作规范和技术标准，规范残障人士考试工作流程和考试基础设施配置标准，为残障人士考领驾驶证提供基础保障。近三年来，分别在深圳、宁波、重庆召开现场会，对公安交通管理"放管服"改革工作进行强调部署，督促各地切实做好残疾人机动车驾驶证核发等工作。2012年以来，全国公安交管部门共为27.9万名残疾人核发了驾驶证。残疾人驾驶汽车工作向全社会展示了残疾人的能力，弘扬了保障残疾人权益、尊重残疾人价值的理念。2015年，中国民航局修订实施了《残疾人航空运输管理办法》，在购票、乘机、空中服务、轮椅使用、助残设备存放、服务犬运输、信息告知等方面，对残疾人航空运输服务作出了系统规定，完善了我国民航现行的法规政策。原铁道部、民政部、解放军原总政治部、中国残联出台了《关于做好铁路残疾人旅客专用票额车票发售工作的通知》，自2012年1月1日起在旅客列车上设置残障人士专座，所有旅客列车均安排残疾人旅客专用车票的政策，切实为残疾人出行提供便利。目前全国各地均出台了盲人免费乘坐市内公交的政策。随着我国经济社会的发展、残疾人事业的不断进步和残疾人参与社会生活的需求,导盲犬相关工作也逐步开展起来。在中国残联、中国盲协的积极推动下,2018年5月,国家市场监督管理总局、国家标准委发布了《导盲犬》国家标准,标准的实施,对于规范导盲犬工作、促进导盲犬事业的发展、维护盲人权益具有重要意义。交通运输部积极发展出租汽车网络预约、"95128"出租汽车电话预约服务等,方便残疾人等群体乘坐出租汽车。

撰 稿 人

张东旺,中国残联维权部权益处处长

第八章　保护残疾人人身自由，禁止基于残疾的歧视

白皮书第八章主要介绍了两个方面的内容，分别是人身自由与非歧视。在人身自由方面，白皮书介绍了中国对残疾人人身自由保护的三个重要举措，包括：第一，制定相关法律，保护残疾人的人身自由，对侵犯残疾人人身自由的行为规定应负的法律责任；第二，通过调整相关机制，对残疾人的人身自由予以保障；第三，加大对侵犯残疾人人身自由犯罪的打击力度。在非歧视方面，白皮书介绍了中国通过立法禁止基于残疾的歧视的情况。

本文将重点介绍白皮书中关于"禁止基于残疾的歧视"的内容。

残疾人在权利与尊严方面与健全人平等，不应受到基于残疾的歧视。但由于残疾人是容易被边缘化的弱势群体，其能力往往被忽视，容易受到区别对待、排斥或限制，从而无法在与健全人平等的基础上，享有自由或行使自己的基本权利。因此国家有义务采取一切措施，消除对残疾人的歧视。

基于残疾的歧视包括一切形式的歧视，包括拒绝提供合理便

利。根据中国已签署和批准的《残疾人权利公约》，合理便利指的是根据具体的需要，在不造成过度或不当负担的情况下，进行必要和适当的修改和调整，以确保残疾人在与健全人平等的基础上享有或行使一切人权和基本自由。简单来说，合理便利就是根据一个人的具体需求，为其量身定做或进行适当调整，协助其尽可能地融入社会生活。

中国在重要法律中规定残疾人享有平等和不受歧视的权利。《中华人民共和国宪法》在国家法律体系中具有最高的法律效力，其中规定"中华人民共和国公民在法律面前一律平等"。这一规定从根本上确认残疾人与健全人在法律面前的平等地位。《残疾人保障法》是整个残疾人权益保障法律法规体系的主干，在2008年进行修改时，增加了"禁止基于残疾的歧视"的内容，自此，中国在法律层面明确了"禁止基于残疾的歧视"的原则。

基于残疾的歧视可能出现在教育、就业、宣传报道等不同领域，为此，中国在不同领域均采取措施，禁止基于残疾的歧视，积极为残疾人提供合理便利。

一、教育

在教育领域，中国积极为参加高考的残疾考生提供合理便利，保障残疾人平等参加高考及接受高等教育的权利。

2014年，中国正式为参加高考的盲人考生提供合理便利，因此2014年也被称为"盲人高考元年"。2014年之前，盲人大多只能通过单考单招的形式进入指定高校的针灸推拿专业和音乐表演专业学习，在一定程度上被隔离在主流高等教育体系之外，未来就业的范围也受到局限。

同样在2014年，通过新出台的高考合理便利政策，甘肃考生张耀东成为全国首位通过普通高考进入大学的盲人。张耀东自小的梦想是成为一名治病救人的中医医生。中学阶段，学校根据张耀东的特殊情况，所有的测试一律采用口试，每一次的期中、期末考试都采用特制试卷。当地市残联给张耀东免费配发了电子助视器，让张耀东能够更好地自主学习。在学校和当地残联的支持下，张耀东刻苦学习，不仅出色地完成了学业，还自学了盲文和医学知识，并能够使用读屏软件操作电脑。最终，张耀东以超过一本线15分的优异成绩被湖北中医药大学录取，离自己的从医梦更近了一步。[①]

2014年以后，残疾人高考合理便利成为制度性规定。2015年，教育部和中国残疾人联合会联合印发《残疾人参加普通高等学校招生全国统一考试管理规定（暂行）》，第一次在国家层面规定，各级招生考试机构应为残疾人参加高考提供平等机会和合理便利。2017年修订通过的《残疾人教育条例》规定，禁止任何基于残疾的教育歧视，并在第五十二条规定，"残疾人参加国家教育考试，需要提供必要支持条件和合理便利的，可以提出申请。教育考试机构、学校应当按照国家有关规定予以提供"。自此，中国

---

① 闫锁田，杨尚义.张耀东：奋力奔跑的阳光少年.中国教育报.2014-08-26（8）.

的行政法规第一次正式纳入"合理便利"的概念。

二、就业

在就业领域，中国新增"平等就业权纠纷"案由，并且积极为参加教师资格证考试的残疾人提供合理便利。

"平等就业权纠纷"案由保障了残疾人遭遇就业歧视时的司法救济。《就业促进法》规定，用人单位招用人员，不得歧视残疾人。《残疾人就业条例》规定，禁止在就业中歧视残疾人。虽然法律法规对残疾人就业歧视均作出了禁止性的规定，但在2018年以前，由于中国没有关于就业歧视案由的直接规定，导致各级法院在审理残疾人就业歧视案件时案由适用混乱的状况。2018年，最高人民法院发布《关于增加民事案件案由的通知》，新增"平等就业权纠纷"案由，为面临就业歧视的残疾人提供了明确的司法救济渠道。

中国积极为参加教师资格证考试的残疾人提供合理便利。针对残疾人在考取教师资格的过程中面临障碍的问题，2018年，四川省作为听力残疾考生教师资格考试试点省份，在教师资格证考试的面试环节采用手语替代普通话的方式，并且在体检时减免听力体检项目，为残疾人通过教师资格证考试提供合理便利。随后，四川省第一批听力残疾考生成功取得教师资格证，杜银玲就是其中的一员。杜银玲从小在聋校长大，喜欢研究手语和聋人文化。上大学时，她遇到了一位研究自然手语的老师，在老师的影响下，她决定传承和推广自然手语,培养更多的手语翻译者。杜银玲曾在2008年参加残奥会开幕式《星星你好》的表演。自2010年开设微博以来,她一直通过网络开展免费手语教学,并开设线上手语培训班。她被网友称作"手语女神",已拥有超过7万的手语爱好者粉丝。杜银玲的梦想是成为一名老师,把自己所学的教给更多聋人学生。[①]取得教师资格证后,杜银玲录制了《终于等到你》的手语歌曲,表达激动的心情。

2019年,长沙市教育考试院在教师资格证考试中为一名盲人考生单独设立考场,由4名教师人工辅助读题、代写答题,并将考试时间延长30分钟。这是湖南省首次为盲人参加教师资格证考试提供合理便利。该考生现已顺利通过考试,成为一名教师。

三、宣传报道

在宣传报道领域,中国不仅禁止通过大众传播或者其他方式贬低、损害残疾人的人格,还鼓励主流媒体通过正面报道,提高社会对残疾人的认识。

中国禁止歧视残疾人的宣传报道。社会大众对残疾人存在的偏见和刻板印象,是造成基于残疾的歧视的原因之一。对此,《残疾人保障法》规定,禁止通过大众传播媒介或者其他方式贬低损害残疾人人格。《精神卫生法》也规定,新闻报道和文学艺术作品

---

① 杜银玲 从"手语网红"到"手语先行者".微信公众号"残障之声",2018-04-19.

等不得含有歧视、侮辱精神障碍患者的内容。2013年，必胜客发布了一则全长15秒的虾球广告，广告中说："你知道球为什么到处乱滚吗？因为它是虾（瞎）球！"广告显示一只虾滚成球形，戴着墨镜，手持盲杖，旁边有"虾？瞎？"的字样。该广告引发北京、山东等多地盲人的举牌抗议。盲人群体表示：该广告强化了盲人在公众心目中的刻板印象，涉嫌歧视。必胜客随后在官网上道歉，并撤除了投放的虾球广告。①

主流媒体通过正面报道提高社会对残疾人的认识。例如，《中国青年报》《新京报》、新华网等媒体对穿短裙露假肢的谢仁慈进行报道。谢仁慈是西南政法大学法学院的学生，4岁时因车祸失去右腿。2017年，谢仁慈在知乎上受朋友邀请回答了一个问题"如果穿短裙把两条腿的假肢露出来，走在大街上会怎样"，她在回答中附上了自己露假肢的照片，并表示残疾人应该为自己争取权利，而争取权利的第一步就是对残疾人身份的自我认同。这一回答获得了破万的点赞。随后，谢仁慈在湖南卫视《儿行千里》讲述了自己的故事，并向社会呼吁，残疾人需要的不是同情，而是平等。②

在其他领域，中国也采取措施禁止基于残疾的歧视。例如，《残疾预防和残疾人康复条例》规定，禁止基于残疾的歧视，提供残疾人康复服务，应当保护残疾人隐私，不得歧视、侮辱残疾人。

---

① 王卡拉.盲人举牌抗议必胜客"虾球"广告.新京报，2013-06-07（A22）.
② 罗芊.穿短裙露假肢女孩：我不希望成为"励志偶像".新京报，2017-05-22.

《残疾人航空运输管理办法》规定，除另有规定外，承运人不得因残疾人的残疾造成的外表或非自愿的举止可能对机组或其他旅客造成冒犯、烦扰或不便而拒绝运输具备乘机条件的残疾人。

此外，中国尤其注重保护未成年残疾人和精神障碍患者不受歧视的权利。《未成年人保护法》规定，不得歧视有残疾的未成年人。《精神卫生法》规定，任何组织或者个人不得歧视、侮辱、虐待精神障碍患者。

未来，中国将继续保障残疾人平等和不受歧视的权利。根据《"十三五"加快残疾人小康进程规划纲要》，在2016年到2020年，中国将进行反残疾歧视的立法方面的研究。

撰稿人

张万洪，武汉大学法学院教授、博士生导师，武汉大学人权研究院（国家人权教育与培训基地）执行院长，湖北省残疾人联合会副理事长

刘逸君，武汉市武昌区东湖公益服务中心，研究人员

第九章　用先进理念培育的良好社会环境

白皮书第九章"营造良好社会环境"紧紧围绕社会主义核心价值体系，将大力弘扬人道主义思想、弘扬中华传统美德，与倡导"平等、参与、共享"的现代文明社会残疾人观有机结合起来，积极培育和营造残疾人事业发展的良好社会环境。该部分从残疾人文化事业、残疾人体育事业、助残社会组织、扶残助残社会风尚、残疾人精神和贡献这五个角度进行了阐述。

白皮书"营造良好社会环境"部分，开宗明义地说明了先进的理念在培育全社会扶残助残意识过程中的核心作用。白皮书提出："我国倡导社会主义核心价值观和'平等、参与、共享'的理念，弘扬中华民族传统美德和人道主义精神，培育全社会扶残助残意识。"具体表现在：

首先，以社会主义核心价值体系为统领，营造有利于残疾人事业发展的社会环境。社会主义核心价值体系是由马克思主义指导思想、中国特色社会主义共同理想、以爱国主义为核心的民族精神和以改革创新为核心的时代精神、社会主义荣辱观共同构成的。要切实把社会主义核心价值融入精神文明建设全过程，努力营造理解、尊重、关心、帮助残疾人的良好社会风尚，提升社会成员的文明水准，增强全社会的扶残助残意识，使扶残助残成为广大群众的自觉行动。

其次，倡导现代文明社会残疾人观。所谓现代文明社会残疾人观，就是用现代文明社会的文明、进步、科学观念，正确认识残疾人和对待、处理残疾人问题，从而建立起的一系列关于残疾人和残疾人问题的总的看法和根本观点，其核心内容是"平等、参与、共享"。现代文明社会的残疾人观是人类先进思想文化的重要组成部分，为我国残疾人事业的发展奠定了理论基础，是我们认识和解决残疾人问题的指南，是做好残疾人工作的思想武器。我们要在全社会广泛宣传现代文明社会残疾人观，使之成为社会的普遍共识，引导公众正确认识和看待残疾人，自觉消除对残疾人的歧视和偏见，促进社会的文明进步。

第三，弘扬人道主义思想和中华民族传统美德。人道主义，就是讲人道，以人为本，尊重人的权利、尊严和价值，追求社会公平、公正，倡导和谐、友爱、互助的社会关系，倡导人人怀有一份爱心，尊老爱幼，扶弱济困，为社会上需要帮助的人提供服务。人道主义是人类优秀的思想体系和道德标准，它承载着道义与价值，凝聚着社会的爱心与良知。人道主义也是残疾人事业的一面旗帜。中华民族自古以来就有扶弱、济困、助残的传统美德。在当代，扶残助残美德被赋予了新的意义，注入了新的内涵，成为现代人高尚的道德情操和社会主义精神文明建设的重要内容。我们要在全社会大力倡导和弘扬人道主义和中华民族扶弱、济困、助残的传统美德，对残疾人给予更多的尊重、关心和帮助，使全社会在帮助残疾人中变得更加文明和谐，使健全人在帮助残疾人的过程中也能升华自己的人生价值。

全社会形成的残疾人事业发展的良好社会环境，具体表现在五个方面。

一、残疾人文化事业欣欣向荣

白皮书指出，当前我国残疾人文化事业欣欣向荣。残疾人文化事业是我国文化事业的重要组成部分，是指以残疾人作为主体参与创作的包括文学戏剧、广播影视、音乐美术等内容和形式的文化作品与文化活动。发展残疾人文化事业是实现文化强国战略的重要内容，是全面推进残疾人事业发展的迫切需要，是保障残疾人权益、提高残疾人生活质量的重要途径。残疾人通过接受文化服务、参与文化活动，可以更好地走进社会、融入社会，提高生活质量，并获得幸福感、安全感。

我国已将残疾人文化事业纳入国家公共文化服务体系，这为残疾人文化事业的发展奠定了坚实的制度基础。《中华人民共和国公共文化服务保障法》第九条规定："各级人民政府应当根据未成年人、老年人、残疾人和流动人口等群体的特点与需求，提供相应的公共文化服务。"《国务院关于加快推进残疾人小康进程的意见》指出，公共文化体育设施和公园等公共场所对残疾人免费或优惠开放，鼓励公共图书馆设立盲人阅览室，配备盲文图书、有声读物和阅听设备。《"十三五"推进基本公共服务均等化规划》中将残疾人基本阅读权益的保障列为重点任务。在各项文件精神的指导下，各地政府、社会组织通过提供丰富多彩的残疾人公共文化服务，为残疾人学习科学文化知识，参与文化艺术活动提供了广阔空间，丰富了残疾人的文化生活。

面向残疾人提供丰富的文化服务。残疾人作为公共文化服务的重点人群之一，各地政府、基层单位、社会组织开展公共文化惠民工程、全民阅读工程、残疾人文化周、残疾人阅读推广等活动项目，为残疾人提供文化服务。有条件的市（地）、县（市、区）公共图书馆设立盲人阅览室，配置盲文图书、有声读物、大字读物及阅读辅助设备；开展盲文及盲人用音像资料免费邮寄服务，有条件的图书馆或公共文化设施，向残疾人开展免费送书上门等文化服务；国有博物馆、美术馆等公共文化设施免费或优惠向残疾人开放等。中央和省市级电视台也开办手语节目或栏目，尽可能为电视节目加配字幕。在"农家书屋"工程中，将专门服务于广大残疾人的各类图书列入采购书目。这些坚持贴近实际、贴近生活、贴近残疾人的文化服务活动，引导和鼓励更多的残疾人勇于走出家门、参与活动，进而融入社会，提升残疾人适应社会生活和改善自身状况的能力。

《"十三五"加快残疾人小康进程规划纲要》将向基层残疾人提供文化服务作为全面实现残疾人小康进程中的一项重要举措。"十三五"期间，中国残联重点实施残疾人文化进家庭的"五个一"项目。项目针对当前中西部和农村地区贫困残疾人的文化现状,计划利用五年时间,帮助中西部和农村地区10万户贫困、重度残疾人家庭每年读一本书、看一次电影、游一次园、参观一次展览、参加一次文化活动,帮助他们参加文化活动、享受文化生活。"五个一"项目将文化扶贫聚焦到贫困、重度残疾人家庭,为他们提供触手可及的文化产品、文化服务,满足贫困残疾人的精神文化需求,是开展精准文化扶贫工作的重要举措。

发展残疾人特殊艺术,培养优秀特殊艺术人才。广大残疾人的热情参与,是我国残疾人文化事业蓬勃发展的源源不绝的动力。各类残疾人艺术团体快速发展,全国已有各类残疾人艺术团体283个,残疾人文化艺术从业人员近30万名。"共享芬芳 共铸小康"公益巡演展览活动启动三年以来,共有17万余人参加。每四年举办一届全国残疾人艺术汇演,截至2017年共举办9届,每届参与的残疾人达10多万人。生机勃勃的残疾人文化事业为残疾人艺术家提供了广阔的舞台。目前,不仅有张海迪、史铁生、邰丽华、杨光这样的著名作家、舞蹈家、歌唱家,而且还涌现出一大批擅长文学创作、歌舞表演的残疾人作者、舞者、歌者。残疾人的广泛参与不仅实现了自身的价值,还推动了我国残疾人文化走向世界。

当前,我国残疾人文化事业已被纳入国家经济社会发展规划,发展更具制度性、持续性和系统性。残疾人文化事业的发展增强了广大残疾人的文化自信,繁荣了我国残疾人文化产业和文化事业，促进了残疾人公共文化服务体系进一步完善。

二、残疾人体育事业蓬勃发展

白皮书指出，我国残疾人体育事业蓬勃发展。残疾人健身体育、康复体育和竞技体育全面发展。健身体育、康复体育是指残疾人通过体育锻炼，以改善身体机能为目的的体育运动；竞技体育则指的是残疾人通过艰苦训练，以在体育赛事中战胜对手取得优秀成绩为目的的体育运动。相比前者，竞争性是残疾人竞技体育的鲜明特点。目前，残疾人体育事业广泛深入发展，在我国体育事业和残疾人事业中已举足轻重，对残疾人的康复和融入社会起到了重要作用。

党和政府高度重视残疾人体育事业，实施"残疾人体育健身工程"，推动残疾人康复健身体育广泛开展。《全民健身计划（2016—2020年）》鼓励"举办不同层次和类型的全民健身运动会，设立残疾人组别，促进健全人与残疾人体育运动融合开展"；《国家体育事业"十三五"规划》提出，"要加强对残疾人等特殊群体开展体育活动的组织和领导，研制与推广适合特殊群体的日常健身活动项目、体育器材、科学健身方法"；《国务院关于加快推进残疾人小康进程意见》中要求"推动各县（市、区）建成一批残疾人体育健身示范点，通过社会体育指导员普及一批适合残疾人的体育健身项目"。各地政府、组织积极响应国家规划，加大经费投入，研发适合不同类型和残疾等级的残疾人使用的小型体育器材，因地制宜，创造条件，为各类残疾人开辟日常体育活动场所，开发适合残疾人特点的群众性体育项目，如轮椅太极拳、盲人象棋、轮椅广播操、轮椅柔力球等。同时，开展并培训了一大批社会体育指导员，推动各县（市、区）建成一批残疾人体育健身示范点，通过社会体育指导员普及一批适合残疾人的体育健身项目，促进残疾人参加体育活动，增强体质、康复身心。

重视残疾人竞技体育，提高竞技水平，展示体育精神。我国成功举办了上海特奥会、北京残奥会和广州亚残运会等大型体育赛事，并成功申办了2022年冬季残奥会。在已经举办的残疾人运动会上，我国残疾人运动员奋勇争先，取得了优异成绩。这一系列成就标志着我国残疾人体育事业取得了巨大发展，我国的国际地位、国际影响力不断提高。像这样在重大国际赛事中实现运动成绩与精神文明的双丰收，能够展示我国全面建成小康社会进程中残疾人事业发展与社会文明进步丰硕成果，也能鼓励更多残疾人走出家门、融入社会、强身健体、分享快乐。

全面发展残疾人体育是国家体育事业和残疾人事业的重要组成部分，是残疾人平等享有基本公共体育服务和保障残疾人文化体育权益的重要途径，也是提高残疾人生活质量、改善残疾人生活状态、促进残疾人融入社会、推进残疾人同步小康的重要举措。残疾人体育对残疾人的康复有着积极的作用，对残疾人参与社会有着重要的影响。随着我国进入全面建设小康社会的决胜时期，作为全民体育的重要组成部分，残疾人体育事业也将进入全新的发展阶段。

三、助残社会组织逐步壮大

白皮书指出,我国助残社会组织逐步发展壮大。助残社会组织是指以残疾人为主要服务对象,且已在民政部门登记注册的社会团体、基金会、民办非企业单位,以及未登记或免于登记的公益慈善类社会组织。助残社会组织在弘扬人道主义思想、促进残疾人事业发展、推进残疾人小康进程中发挥了重要作用。国家和政府积极培育扶持助残社会组织健康发展,助残社会组织数量实现迅速增长。民政部、中国残联《关于促进助残社会组织发展的指导意见》明确了残联、民政等部门在推进助残社会组织发展过程中的工作职责和具体要求,指出要建立由"政府统一领导、财政部门牵头,民政、工商管理以及行业主管部门协同,职能部门履职,监督部门保障",各部门积极参与的助残社会组织培育扶持机制,共同推进助残社会组织健康有序地发展。

残疾人社会服务是社会组织参与社会服务的重点领域之一。《关于政府向社会力量购买服务的指导意见》已将"残疾人服务"列入政府购买的七大项公共服务之一,《关于做好政府购买残疾人服务试点工作的意见》明确了政府购买残疾人服务试点工作的基本原则、工作目标、试点任务、工作要求以及项目目录等。政府购买残疾人社会服务,是政府利用财政资金,采取市场化、契约化方式,面向具有专业资质的社会组织和企事业单位购买服务的一项重要制度安排。通过大力推进政府购买服务，鼓励各类资本进入残疾人服务业市场，充分发挥不同行业和部门的优势，促进残疾人服务资源和产品的合理优化配置，满足残疾人多样化的服务需求，推动残疾人服务业的跨越式发展。近年来，各地政府购买残疾人服务的探索和实践日益增多，社区社会组织承接社区公共服务和基层政府委托事项的实践得以重点发展。

"放管服"改革，就是简政放权、放管结合、优化服务的简称。"放"即简政放权，降低准入门槛；"管"即创新监管，促进公平竞争；"服"即高效服务，营造便利环境。社会组织作为社会体制改革的重要抓手，与政府行政体制改革一体两面，相辅相成，共同构成了全面深化改革的重要内容。推进社会组织"放管服"改革，支持社会组织承接社会公共服务，不仅能够促进社会组织健康有序发展，更是实现政府转职能、提效能的一剂良方。近些年来，我国社会组织管理体制机制逐步健全和完善。如政府在简政放权、放宽社会组织登记条件的同时，重视事中和事后监管，实现了放管结合；在公正监管、推进社会组织发展的同时，平等对待民办社会事业和公办社会事业，着力优化环境；在改进服务、培育和发展社会组织的同时，强调社会组织健康有序和规范管理，寓管理于服务，以服务促管理。

四、扶残助残的社会风尚基本形成

白皮书指出，我国的扶残助残社会风尚已经基本形成。扶残助残社会风尚是指围绕建设社会主义核心价值体系，面向全社会大力弘扬人道主义思想和中华民族传统美德，倡导"平等、参与、共享"的现代文明社会残疾人观，消除对残疾人的歧视和偏见，形成人人理解、尊重、关心、帮助残疾人的良好社会氛围。近些年来，全国各地通过宣传报道、慈善公益活动、志愿服务等多种形式，使关爱帮助残疾人、关心支持残疾人事业成为全社会共识，营造了关心残疾人、支持残疾人事业、促进残疾人平等参与的社会环境。

中国政府网站开设残疾人信息与服务专栏，报刊、广播、电视和网络等新闻媒体广泛报道残疾人生活和事务。《中国残疾人事业"十一五"发展纲要（2006年—2010年）》提出："新闻、出版和教育行政部门要采取有效措施，支持和动员新闻媒体通过不同形式，报道和反映残疾人生活情况，宣传残疾人事业。"通过积极宣传残疾人自强模范百折不挠、顽强拼搏、乐观进取、奉献社会的优秀事迹和感人精神，报道扶残助残先进集体和个人扶残济弱、无私奉献的高尚品德和模范事迹，增进了社会各界对残疾人和残疾人事业的认识和理解，激励了广大残疾人自强不息、奋发进取，积极参与改革开放和现代化建设事业。

"全国助残日"是国家和全社会扶残助残、促进残疾人平等参与社会生活的节日。《中华人民共和国残疾人保障法》规定，每年五月的第三个星期日为全国助残日。在这一天，全国各地区、各相关部门和残疾人组织结合本地区、本部门实际，组织开展形式多样、内容丰富的助残活动，如走访慰问福利企业、福利院、特教学校、残疾人家庭及社区，组织举办报告会、座谈会、演讲会、文艺演出、娱乐活动、捐赠活动等，提高了社会各界对残疾人的认识和理解，为残疾人带去了温暖和希望，帮助残疾人解决了各种实际困难和问题。

各类公益慈善组织、志愿服务组织也开展了形式多样的面向残疾人的公益活动。在残疾人慈善事业方面，中央和地方各级政府在资金、场地、设备、管理、岗位购买、人员培训等方面积极扶持助残公益慈善组织发展，鼓励社会公众、社会组织为残疾人提供多种慈善帮扶，培育"集善工程"等残疾人慈善品牌。志愿助残服务是指志愿者或志愿者组织在不计报酬的前提下，利用自己的时间、精力、技能、资源等为解决残疾人问题、完善残疾人社会福利、促进残疾人事业发展等所提供的服务。在志愿助残服务事业方面，各地结合实际，发挥优势，积极开拓创新，广泛开展"志愿助残阳光行动"等丰富多彩的助残活动，打造了多项优秀志愿助残服务品牌项目，帮助残疾人解决了诸多实际困难，促进了残疾人更有价值、更有尊严地生活，推动了残疾人与全国人民一起共享社会发展成果。慈善活动、志愿助残作为一项社会公益事业，其价值日益彰显。

结合精神文明创建活动，各级政府广泛开展了形式多样的扶残助残活动。这些活动弘扬人道主义思想，宣传现代文明社会残疾人观，倡导和谐友爱的良好风尚，为残疾人解决了大量困难和问题，激励广大残疾人自尊、自信、自强、自立。全社会对残疾人的观念发生了根本性转变，越来越多的人开始理解、尊重、关心、帮助残疾人，支持残疾人事业。对残疾人的歧视和偏见大为减少，为残疾人融入社会，参与发展，共享发展成果创造了良好的社会环境。

五、残疾人的自强精神和贡献获得社会褒扬

白皮书指出，残疾人积极投身于国家建设，努力实现自身价值，并为社会做出贡献。残疾人既是社会发展的受益者，同样也是经济社会发展的参与者和贡献者。残疾人作为残疾人事业发展的主体，是建设中国特色社会主义事业的一支重要力量。他们身上表现出的自尊、自信、自强、自立精神，是中华民族优秀品德的传承和发扬，是民族精神和时代精神的重要体现；他们蕴含着巨大的潜能，其百折不挠、顽强拼搏、乐观进取的精神，是推动残疾人事业发展的恒久动力。广大残疾人能够积极投身于改革开放和现代化建设的伟大实践，积极参与社会生活，为国家做出重要贡献，同全国人民一道开创美好未来。

残疾人参与社会生活需要社会帮助，但归根结底取决于自身的奋斗。日新月异的社会发展对残疾人提出了更高的要求，呼唤着残疾人自尊、自信、自强、自立。自尊，就是敢于直面人生不幸，与命运抗争，不自卑，不消沉，体现出人的尊严；自信，就是信念坚定，意志坚韧，乐观向上，对生活充满信心；自强，就

是积极进取，顽强拼搏，提高素质，奋发有为；自立，就是自食其力，奉献社会，履行应尽义务，实现为社会服务的人生价值。残疾人适应时代要求，发扬"四自"精神，积极适应社会，融入社会，参与社会生活和社会实践，投身于经济建设和社会发展之中，与全社会成员共同创造社会财富。

1991年至2019年，国务院残工委等有关部门先后六次召开全国自强与助残表彰大会，表彰了一大批业绩突出、事迹感人的残疾人自强模范和助残先进集体、先进个人等。这些残疾人自强模范身残志坚、自强自立、努力拼搏、奉献社会，在各个领域做出了突出贡献，创造了令人敬佩的业绩。他们的事迹和奋斗精神在全社会引起巨大反响，在残疾人中产生强烈共鸣，激发起广大残疾人励志图强的勇气和信心，鼓舞着残疾人在实现人生梦想的同时，与全国人民一道，推动中华民族的美好梦想早日实现。

习近平总书记在会见第五次全国自强模范暨助残先进集体和个人表彰大会受表彰代表时指出，在当代中国，在改革开放进程中，我国残疾人中涌现出一大批像张海迪那样的自强模范，他们是改革开放大潮的弄潮儿，他们的事迹感人至深、催人泪下，激励了全社会的奋发自立精神。他们身上的精神就是自强不息精神，就是我们的民族精神、时代精神，也是社会主义核心价值观的应有之义。像身残志坚、倾心盲人按摩事业的严三媛，不畏艰难、不惧生死的扫雷英雄杜富国，富有爱心、热心公益助残的宋桂华等，有的靠劳动技能脱贫致富，有的凭知识技术建功立业，有的用青春和热血为祖国奉献。他们表现出来的自强不息精神，正是伟大民族精神和时代精神的真实写照，激发了广大残疾人更加坚定地为实现人生梦想、为实现中国人民的共同梦想而奋斗。

参考文献：

[1] 中国残疾人联合会.《"十三五"加快残疾人小康进程规划纲要》专题解读.北京：华夏出版社，2016.

[2] 中国残疾人联合会.《中共中央 国务院关于促进残疾人事业发展的意见》学习辅导读本.北京：华夏出版社，2008.

[3] 习近平讲故事："残疾人也可以活出精彩的人生"[EB/OL].2019-05-23/2019-08-14，http：//cpc.people.com.cn/n1/2019/0523/c64094-31099626.html.

[4] 王乃坤在全国残疾人文化建设工作会议上的讲话[EB/OL].2013-04-19/2019-08-14，http://www.cdpf.org.cn/yw/ldjh/201304/t20130419_7962.shtml.

[5] 张海迪在中国残奥委员会、中国特奥委员会、中国聋人体育协会第五次全国代表大会上的讲话[EB/OL]. 2014-01-09/2019-08-15，http：//www.cdpf.org.cn/yw/ldjh/201401/t20140109_7969.shtml.

撰稿人

葛忠明，山东大学残疾人事业发展研究中心主任、教授、博士生导师

第十章 积极开展对外交流，推动国际残疾人事务发展

白皮书第十章介绍了中国开展残疾人事务对外交流与国际合作的情况，主要包括：第一，认真履行条约义务；第二，主动承担国际责任；第三，积极推动国际残疾人事务发展；第四，残疾人权益保障获得国际赞誉。

本部分将补充拓展中国推动和履行《残疾人权利公约》的情况，以及中国推动将残疾人事务纳入《2030年可持续发展议程》的过程。

一、中国与《残疾人权利公约》

中国是制定《残疾人权利公约》的积极倡导者和参与者，也是《残疾人权利公约》的忠实履行者，为国际残疾人权利机制的发展做出了突出贡献。

（一）积极倡导

中国在倡导制定《残疾人权利公约》的过程中发挥了重要作用。

《残疾人权利公约》诞生以前，国际社会缺乏具有法律约束力

的保障残疾人人权的文件。联合国在20世纪70年代对残疾人的认识从福利角度转向权利角度。20世纪80年代，开启了国际残疾人工作的新纪元。1982年，联合国大会决议通过了《关于残疾人的世界行动纲领》。1993年，通过了《残疾人机会均等标准规则》。这些政策性文件要求成员国在残疾人机会均等方面采取行动，为国际残疾人事务发展指明了方向，但这些文件只有道义上的影响力，并不具有法律上的约束力，所以对成员国的影响有限。

中国是率先倡导联合国制定《残疾人权利公约》的国家之一。从20世纪90年代起，时任中国残联主席邓朴方同志就在多个国际场合呼吁制定《残疾人权利公约》。1992年4月，邓朴方参加独立九二大会暨残疾人国际第三届世界大会、国际智残人联盟大会和联合国实施《关于残疾人的世界行动纲领》长期战略专家会议。邓朴方在会上呼吁尽早召开关于残疾人的各国首脑会议，制定残疾人方面的国际公约。2000年3月，中国举办以"面向新世纪的国际残疾人运动发展战略"为主题的国际残疾人组织领导人会议。会上邓朴方再次提到，只有通过一个残疾人权利公约，才能促进"平等、参与、共享"的目标的全面实现。会议通过了《新世纪残疾人权利北京宣言》。该宣言称，21世纪的开端是制定残疾人权利国际公约、促进残疾人参与主流社会机会均等的恰当时机。之后，邓朴方多次向时任联合国秘书长安南、联合国残疾人事务特别报告员林奎斯特、联合国副秘书长纳丁·德赛、人权事务高级专员玛丽·罗宾逊、欧盟官员等建议联合国制定保护残疾人权利的国际公约。

在中国的积极倡导下，国际社会终于达成共识，认为制定一部具有法律约束力的残疾人权利国际公约，对于保障残疾人权利是必要的。2001年，第56届联合国大会决议设立一个联合国特设委员会（以下简称特委会），正式启动了制定《残疾人权利公约》的进程。

（二）参与制定

中国积极参与制定《残疾人权利公约》，在联合国起草公约的过程中，提出草案，协调各方意见，促使各国对公约的条款达成共识。

联合国通过特委会会议讨论起草《残疾人权利公约》，中国政府和中国残联派出代表团，积极参加了历次特委会会议，并且提出了中国草拟的《残疾人权利公约》草案文本。

在特委会第一次和第二次会议上，中国驻联合国代表团提出了具体的建议，包括建议公约兼顾残疾人的公民政治权利和残疾人的经济、社会和文化权利等。特委会第二次会议决定成立一个工作组，负责起草公约。工作组包括了中国在内的27国政府代表、12名非政府组织代表和1名国家人权机构代表，他们共同参与拟定公约草案文本。特委会第三次会议就公约草案文本进行了第一次的实质性谈判。中国驻联合国代表团提出将国际合作纳入公约等建议。在后续会议对公约草案文本的讨论过程中，由于各国的国情、立场不同，谈判过程中产生了一系列冲突和矛盾。由于中国对残疾人事业和公约始终持积极的态度，以及中国与很多成员国保持着友好的关系，中国在公约制定的谈判过程中，起到了缓和矛盾的作用，促进了发展中国家与发达国家之间、政府与非政府组织之间的良好沟通。中国提出的国际监督和国际合作等诸多建议也被采纳。

公约的磋商谈判历时5年。2006年，特委会将正式成型的公约提交给第61届联合国大会，联合国大会以协商一致的方式通过了公约。《残疾人权利公约》是进入21世纪以来国际社会的第一个人权公约，也是国际法史上起草、谈判速度最快的公约。对此，中国功不可没。

（三）忠实履行

《残疾人权利公约》开放签署后，中国成为第一批签署和批准公约的国家之一。批准公约后，中国将公约的精神融入相关立法，依照公约的规定保障残疾人权利。2010年，中国向残疾人权利委员会递交了首次履约报告。

来自中国的残疾人代表连续当选为联合国残疾人权利委员会委员。2008年，在联合国残疾人权利公约首届缔约国大会上，中国盲协副主席杨佳成功当选为残疾人权利委员会委员。2014年，在联合国残疾人权利公约第七次缔约国大会上，中国残联国际部副主任尤亮成功当选为残疾人权利委员会委员。杨佳和尤亮任职残疾人权利委员会委员过程中积累的经验对中国的履约起到参考作用。

2016年，中国举办纪念《残疾人权利公约》通过十周年大会，这次十周年大会是公约通过十周年之际，165个缔约国首次举办的国家层面的纪念活动。时任联合国秘书长潘基文出席了十周年大会并致辞，潘基文在致辞中高度赞扬了中国政府为制定和履行公约所作的积极贡献。中国残联主席张海迪在会上表示，中国愿与国际社会分享中国残疾人事业发展的经验，积极开展与国际残疾人组织交流与合作，为更多残疾人带来福祉，建议成立世界残疾人组织，以促进世界各国残疾人都能得到平等、融合、幸福生活的机会。

2018年，中国向残疾人权利委员会提交了第二次和第三次合并履约报告。

值得一提的是，《残疾人权利公约》的履约过程，不仅促进了中国残疾人各项权利的落实和保障，而且催生了一批中国本土具有权利意识的残疾人社群和残疾人自组织，他们运用《残疾人权利公约》的理念和知识为自身赋权，并作为权利主体积极采取行动，在中国履约进程中留下了独特的印记。例如，盲人社群对于高考合理便利的推动，心智障碍者家长组织对于支持性就业的推动，等等。残疾人社群和残疾人自组织对于中国履约的积极参与，真正实现了公约"没有我们的参与，请不要做关于我们的决定"这一口号。

二、中国与《2030年可持续发展议程》

《2030年可持续发展议程》是对2000年的"千年发展目标"的发展。"千年发展目标"没有提到残疾人问题，在中国的倡导和推动下，残疾人事务被纳入《2030年可持续发展议程》，以此实现残疾人的融合发展。

（一）"千年发展目标"的缺憾

虽然中国多次呼吁联合国把残疾人的生存与发展纳入"千年发展目标"，但"千年发展目标"未能包含残疾人问题。

2000年，全球各国元首和政府首脑在联合国千年首脑会议上表决通过了《联合国千年宣言》，宣言设立了一系列目标。这一系列目标转换为八个"千年发展目标"，联合国将2015年设定为这些目标实现的最后期限。

2012年，中国残联在北京举办"消除障碍，促进融合"国际论坛，论坛旨在与国际社会一道，分享经验，探讨进一步履行联合国《残疾人权利公约》，将残疾人事务纳入社会发展主流的新途径和好方法，共同为实现残疾人融合发展而努力。论坛发布了旨在履行联合国《残疾人权利公约》、实现"千年发展目标"及2015年后残疾人融合发展战略的《北京宣言》。中国代表在论坛上表示，希望联合国能够切实把残疾人问题列入"千年发展目标"。中国残联主席张海迪同志表示，为了真正体现平等的原则和人道主义的精神，联合国应该把残疾人的生存与发展纳入"千年发展目标"。邓朴方同志也发表了意见，认为残疾人是最困难和最容易受到排斥的群体，无论是"千年发展目标"本身，还是其指导方针、社会政策和评价体系等都没有提及残疾人，这是一个缺陷和遗憾。

（二）《2030年可持续发展议程》的包容

因"千年发展目标"未能包含残疾人问题，中国继续呼吁将残疾人发展问题列入《2030年可持续发展议程》，这次呼吁取得了成效。

《2030年可持续发展议程》诞生的背景是完成"千年发展目标"的未竟事业。2015年，联合国发布《千年发展目标报告（2015年）》，报告称"千年发展目标"引发了有史以来最成功的反贫困运动，但是，报告也承认各个国家和地区在诸如性别平等、生态环境等领域仍存在差距。因此，报告呼吁各国领导人和利益攸关方进行下一步的努力，制定一个新的议程，于是，《2030年可持续发展议程》应运而生。

中国呼吁将残疾人事务纳入《2030年可持续发展议程》。2013年9月23日，联合国召开国家元首和政府首脑级别的"残疾与发展"高级别会议。这是联合国历史上首次就残疾人问题召开高级别会议，表明了世界各国将残疾问题纳入经济社会发展主流的共同政治意愿。张海迪在会议上作为第一个国家代表发言，她指出：当今时代，残疾人问题已经超越了文化和国家的界限，需加强国际和区域合作，希望国际社会在共识与合作的基础上，将残疾人问题纳入主流发展议程。张海迪的发言赢得了热烈反响。

会议最后通过了成果文件《前进道路：2015年之前及之后兼顾残疾问题的发展议程》，这份成果文件强调要在即将出台的2015年后发展议程中适当考虑所有残疾人。在2015年后发展议程的制定过程中，中国残联积极参与，大力呼吁和推动融合性发展，对议程方案提出了建设性的修改意见。

联合国发布的《2030年可持续发展议程》最终成功包含了残疾人议题。2015年联合国可持续发展峰会通过了《2030年可持续发展议程》。该议程包括了17个可持续发展目标和169个子目标，它将指导未来15年的全球发展行动。2016年，联合国大会第70届会议上通过了《2030年可持续发展议程》。《2030年可持续发展议程》当中有11处专门提及残疾人，议程的17个可持续发展目标中有5个目标针对残疾人列出了专项任务。

对比"千年发展目标"，《2030年可持续发展议程》纳入了关系残疾人生存权和发展权、促进残疾人平等参与的主要因素，弥补了"千年发展目标"中未能包括残疾人内容的缺憾，也因此更具有包容性，落实了《2030年可持续发展议程》序言中"绝不让任何一个人掉队"的保证。

2016年4月，中国向联合国提交了《落实2030年可持续发展议程中方立场文件》。之后，中国还陆续提交了《落实2030年可持续发展议程国别方案》以及《落实2030年可持续发展议程进展报告》，介绍了中国落实议程的情况。2016年，中国代表团出席以"落实2030年可持续发展议程，不让一个残疾人掉队"为主题的联合国《残疾人权利公约》第 9 次缔约国大会。会议期间，中国代表团就落实《2030 年可持续发展议程》中残疾人的相关内容征询各方意见，为建立具有广泛代表性的国际残疾人组织做准备。2017 年，中国代表团出席联合国社会发展委员会会议和《残疾人权利公约》缔约国大会，在会上发表倡议，推动《2030 年可持续发展议程》中残疾人相关议题的落实。

中国在残疾人事务的国际交流与合作方面取得了诸多成果，做出了卓越的贡献。这些成果和贡献的背后，既包含了中国政府对残疾人事务国际交流合作的重视与支持，也表明国际社会对中国积极推动国际残疾人事务的肯定。未来，中国将继续为国际残疾人事务提供中国智慧和中国方案，并在国际残疾人事务中进一步发挥引领作用。

撰 稿 人

张万洪，武汉大学法学院教授、博士生导师，武汉大学人权研究院（国家人权教育与培训基地）执行院长，湖北省残疾人联合会副理事长

刘逸君，武汉市武昌区东湖公益服务中心，研究人员

第十一章 《平等、参与、共享：新中国残疾人权益保障70年》白皮书纪事

2019年7月25日，国务院新闻办公室正式发布《平等、参与、共享：新中国残疾人权益保障70年》白皮书，这是中国政府首次发布的残疾人权益保障的白皮书，具有重要意义。

新中国成立70年来，在建设中国特色社会主义伟大事业的进程中，中国共产党和中国政府本着对人民负责的精神，坚持以人民为中心，关心特殊困难群体，尊重残疾人意愿，保障残疾人权利，注重残疾人的社会参与，推动残疾人真正成为权利主体，成为经济社会发展的参与者、贡献者、享有者，走出了一条具有中国特色的残疾人事业发展道路。中国为保障残疾人权益所做出的巨大努力和取得的成就赢得了国际社会的普遍赞誉，社会各界、海内外媒体普遍关心残疾人和残疾人事业发展，残疾人事业已成为展示中国人权进步的重要窗口，为树立良好的国家形象发挥了重要作用。

近年来，中国政府每年发布中国人权事业白皮书，全面介绍中国人权事业的发展进步，并将残疾人权利作为重要内容。在国际人权交流中，残疾人事业的发展进步也是中国人权事业靓丽的

名片。但是，此前还没有一部专门全面介绍残疾人事业发展状况的白皮书。为全面总结残疾人事业发展成就，向国内外展示中国在残疾人权益保障、无障碍建设、康复、教育、就业、扶贫等方面取得的巨大进步。2017年1月，中国残联致函国务院新闻办公室，建议适时发布白皮书，介绍新时期中国残疾人事业。同年1月16日，中宣部人权事务局复函中国残联，同意围绕中国残疾人权益保障事业的发展起草白皮书，并列入中宣部人权工作要点。中国残联高度重视白皮书的起草工作，召开了白皮书起草工作动员会，由中国残联宣文部牵头，与中国人民大学残疾人事业发展研究院杨立雄教授等专家一起组成白皮书起草小组。起草小组为该项工作的顺利开展进行了认真的学习和深入的研讨。一是认真学习了习近平总书记系列重要讲话，深入学习习近平总书记关于残疾人事业的重要论述，并将习近平总书记的重要论述贯穿始终。二是全面系统学习了《人道主义的呼唤》《中华人民共和国残疾人保障法》《"十三五"加快残疾人小康进程纲要》《中国残疾人事业年鉴》《春风吹来的时候》《中国残疾人事业研究报告》蓝皮书等著作、法规、文件。三是研究了《残疾人权利公约》《国家人权行动计划（2016—2020年）》以及国务院新闻办公室发布的《中国人权事业的进展》白皮书。在此基础上，拟定提纲，拟写初稿。起草过程中，多次征求了中国残联机关各部门的意见和专家的意见，张海迪主席和每位党组成员认真审阅白皮书（草稿），几易其稿，最终形成了质量较高的初稿。2018年6月21日，经中国残联第六届理事会第 52 次理事会会议审议通过，并报送中宣部。中宣部人权事务局高度重视《平等、参与、共享：新中国残疾人权益保障 70 年》白皮书起草、修改和发布工作，带着对残疾人的特殊感情来做工作，对白皮书起草工作的全过程进行了指导。在定稿阶段，中宣部人权局组织来自中国人民大学、北京大学、武汉大学、山东大学、南开大学的专家进行了深入研讨，广泛征求了中央各有关部委 33 家单位的意见，经多次修改完善，将书名确定为《平等、参与、共享：新中国残疾人权益保障 70 年》。白皮书报请中央领导审定后，选择在习近平总书记视察唐山截瘫疗养院考察时提出"全面建成小康社会，残疾人一个也不能少"任务目标三周年之际即 2019 年 7 月 25 日正式发布。

中宣部对《平等、参与、共享：新中国残疾人权益保障 70 年》白皮书的发布和宣传作出高规格的安排，将发布白皮书作为新中国成立 70 周年成就宣传的重要内容纳入总体安排。中国残联领导高度重视白皮书的发布，7 月 25 日国新办召开新闻发布会，张海迪主席、周长奎书记和程凯副理事长出席，介绍了新中国成立 70 年来我国残疾人事业取得的成就并解读了《平等、参与、共享：新中国残疾人权益保障 70 年》白皮书的相关内容，现场回答了记者提问，产生了广泛的社会影响。《人民日报》、新华社、中央电视台等 21 家境内外媒体进行现场采访报道。新华社对内对外播发消息、摘要和全文，发表评论文章；中央电视台《新闻联播》播报新闻，各频道主要新闻节目播出相关消息；《人民日报》及海外版、《光明日报》《中国日报》刊登全文,《人民日报》、《光明日报》刊登专家解读文章,《人民日报》发表评论员文章;中央重点新闻网站、主要商业网站突出转载和报道,掀起了宣传残疾人事业的热潮。白皮书发布中文版的同时,发布英文、法文、俄文、西班牙文、阿拉伯文版本,分别由人民出版社、外文出版社出版,并在全国新华书店发行。

《平等、参与、共享:新中国残疾人权益保障70年》白皮书是中国政府正式发表的、代表政府立场的重要文件,是中国政府首次发布残疾人权益保障的白皮书。今年是中华人民共和国成立70周年,在这样一个重要时刻,中国政府发表《平等、参与、共享:新中国残疾人权益保障70年》白皮书,充分体现了党和政府对残疾人事业的格外关心、格外关注,表明了党和政府对残疾人事业和残疾人权益保障的高度重视。白皮书既是宣示我国残疾人事业发展道路的重要文献,也是对外宣传、对外交流的重要内容。把客观真实的中国残疾人权益保障实践介绍给世界,无疑有助于促进各国残疾人事业的发展。这也是一项对外讲好中国残疾人故事、中国人权保障故事的重要工作。白皮书以习近平新时代中国特色社会主义思想为指导,突出介绍党的十八大以来,中国残疾人权益保障的体制机制和政策措施,残疾人社会保障制度不断完善,残疾人服务体系不断健全,残疾人获得感、幸福感、安全感持续提升,残疾人事业取得举世瞩目的历史性成就。白皮书全面系统介绍了新中国成立70年来我国残疾人权益保障所走过的不平凡历程,全面系统介绍了中国努力促进和保护残疾人权利和尊严,保障残疾人平等参与政治、经济、社会和文化生活的基本情况。

白皮书对于增进国际社会对中国残疾人事业的了解和认识,促进全社会更加关心支持残疾人事业,推动中国残疾人权益保障事业发展,加强残疾人事务的国际交流和合作均具有重要意义。

撰 稿 人

王宏伟,中国残联宣文部副主任

第三部分

《平等、参与、共享：新中国残疾人权益保障70年》

发布会答记者问

国务院新闻办公室于2019年7月25日（星期四）发表《平等、参与、共享：新中国残疾人权益保障70年》白皮书，并于当日上午10时30分在国务院新闻办新闻发布厅举行新闻发布会，请国务院残工委副主任、中国残联主席张海迪，国务院残工委副主任、中国残联党组书记、理事长周长奎，中国残联副主席、副理事长程凯和国务院新闻办公室新闻发言人胡凯红出席，介绍和解读白皮书有关情况，并答记者问。

胡凯红：

女士们、先生们，大家上午好！欢迎出席国务院新闻办公室今天举办的新闻发布会。今天国务院新闻办公室发表《平等、参与、共享：新中国残疾人权益保障70年》白皮书，同时举行新闻发布会，向大家介绍和解读白皮书的主要内容。

出席今天发布会的有国务院残工委副主任、中国残联主席张海迪女士，国务院残工委副主任、中国残联党组书记、理事长周长奎先生，中国残联副主席、副理事长程凯先生。

我是国务院新闻办公室新闻发言人胡凯红。首先，我就白皮书的主要内容向大家作简要介绍。

胡凯红：

中国有 8500 万残疾人，是世界上残疾人口最多的国家，面临不少挑战。新中国成立 70 年来，在建设中国特色社会主义伟大事业的进程中，中国共产党和中国政府本着对人民负责的精神，坚持以人民为中心，关心特殊困难群体，尊重残疾人意愿，保障残疾人权利，注重残疾人的社会参与，推动残疾人真正成为权利主体，成为经济社会发展的参与者、贡献者、享有者，走出了一条具有中国特色的残疾人事业发展道路。

《平等、参与、共享：新中国残疾人权益保障 70 年》白皮书，全面系统介绍了新中国成立 70 年来努力促进和保护残疾人权利和尊严，保障残疾人平等参与政治、经济、社会和文化生活的情况。白皮书以习近平新时代中国特色社会主义思想为指导，突出介绍党的十八大以来中国残疾人权益保障的体制机制，不断完善残疾人社会保障制度、不断健全残疾人服务体系，残疾人获得感、幸福感、安全感持续提升，残疾人事业取得举世瞩目的历史性成就。白皮书发布中文版的同时，发布英文、法文、俄文、西班牙文、阿拉伯文版本，分别由人民出版社、外文出版社出版，在全国新华书店发行。

我就先介绍这些情况。下面请国务院残工委副主任、中国残联主席张海迪女士作介绍。

张海迪：

谢谢胡局长。女士们、先生们、各位记者朋友，大家上午好！首先感谢大家一直以来对残疾人的特别关爱，感谢大家长期以来对残疾人事业发展的关心和支持。今天我特别高兴和我的两位同事应邀来作《平等、参与、共享：新中国残疾人权益保障70年》白皮书的介绍和解读。

今年是新中国成立70周年。70年来，中国残疾人事业不断发展进步，特别是党的十八大以来，我们真切感受到以习近平同志为核心的党中央对残疾人的格外关心、格外关注。党和国家始终坚持以人民为中心，尊重残疾人意愿，保障残疾人权利，注重残疾人的社会参与，推动残疾人真正成为经济社会发展的参与者、贡献者和享有者。三年前的7月28日，习近平总书记在唐山市截瘫疗养院看望残疾人的时候明确提出"全面建成小康社会，残疾人一个也不能少"的目标。今天这一愿景正在大家共同努力下不断地推进。

白皮书对70年来我国残疾人权益保障所走过的不平凡历程，进行了全面、客观、真实的介绍。70年来，我们走出了一条具有中国特色的残疾人事业发展道路。新中国成立后，残疾人获得平等地位，享受应有的公民权利和义务。改革开放以来，国家实施了一系列发展残疾人事业、改善残疾人状况的重大举措，残疾人事业由改革开放初期以救济为主的社会福利工作，逐步发展成为今天包括康复、教育、就业、扶贫、社会保障、维权、文化、体育、无障碍环境建设、残疾预防等领域的综合性社会事业。党的十八大以来，残疾人工作成为"五位一体"总体布局和"四个全面"战略布局的重要内容，残疾人"平等、参与、共享"的目标得到更好实现，残疾人事业整体发展水平迈上一个新台阶。

残疾人权益保障机制不断完善。中国坚持将残疾人事业纳入国家发展战略，加强残疾人权益法治保障，健全残疾人工作体制。形成了以《中华人民共和国宪法》为核心，以《中华人民共和国残疾人保障法》为主干，以残疾预防、康复、教育、就业条例等为重要支撑的残疾人权益保障法律法规体系。国务院发布促进残疾人民生改善、发展残疾人事业一系列政策文件和专项规划，形成了党委领导、政府负责、社会参与、残疾人组织充分发挥作用的中国残疾人工作体制。成立政府残疾人工作委员会，协调解决残疾人工作中的重大问题。中国残联及地方各级残联充分发挥代表、服务、管理职能，成为党和政府联系残疾人的桥梁和纽带。

张海迪：

残疾人健康权利得到保障。颁布实施《残疾预防和残疾人康复条例》。建立残疾儿童康复救助制度，残疾儿童健康得到特别关注。发布《国家残疾预防行动计划（2016—2020年）》，工作体系、业务格局、运行机制逐步建立，服务能力日益提高，努力实现残疾人"人人享有康复服务"的目标。注重康复专业人才培养，中国康复大学等筹建工作已经正式启动。

残疾人享有平等受教育权。颁布《残疾人教育条例》，将残疾人教育纳入国家教育的总体规划。实施《特殊教育提升计划》，形成以普通学校随班就读为主体、以特殊教育学校为骨干、以送教上门和远程教育为补充，统筹推进普通教育和特殊教育结合、不断融合的残疾人教育体系。为家庭经济困难的残疾学生提供免费教育。

残疾人就业创业权利依法保障。中国以建立劳动福利型残疾人事业为目标，通过完善法律法规、拓展就业渠道、完善服务体系，促进残疾人就业权利的实现。残疾人就业权利受到法律保护。残疾人就业创业得到政策扶持。残疾人就业创业服务和培训广泛开展。残疾人按比例就业、集中就业、自主就业创业稳步发展。

残疾人社会保障体系不断完善。残疾人享有平等的社会保障权利，按照"普惠＋特惠"的原则，通过完善社会救助保障残疾人的基本生存权利。建立困难残疾人生活补贴、重度残疾人护理补贴和残疾儿童康复救助制度。将农村贫困残疾人脱贫纳入国家脱贫攻坚战略布局并作为重点人群予以帮扶，确保到2020年贫困残疾人全部摆脱绝对贫困，同全国人民一道进入全面小康社会。

无障碍环境建设与辅助器具适配服务得到重视。颁布实施《无障碍环境建设条例》，制定《无障碍设计规范》等国家标准。城乡无障碍环境建设有序推进。制定辅助器具补贴办法，对购买辅助器具和提供适配服务给予补贴。

张海迪：

基于残疾的歧视被依法禁止。《中华人民共和国残疾人保障法》明确了反歧视原则：禁止基于残疾的歧视，禁止侮辱、侵害残疾人，禁止通过大众传播媒介或者其他方式贬低损害残疾人人格。残疾人人身权利得到法律严格保护。

关爱帮助残疾人、关心支持残疾人事业成为全社会共识。倡导社会主义核心价值观和"平等、参与、共享"的文明理念，弘扬中华民族传统美德和人道主义精神，尊重残疾人的价值和尊严，激励残疾人自强自立，形成关爱残疾人、关心残疾人事业的良好社会风尚。残疾人文化体育事业纳入国家公共文化体育服务体系。助残社会组织逐步壮大。残疾人积极投身国家建设，努力实现自身价值，精神和贡献得到社会褒扬。

对外交流与国际合作广泛开展。我们认真履行《联合国残疾人权利公约》义务，主动承担国际责任，积极推动国际残疾人事务发展，促进国际残疾人事业的发展与进步。

女士们、先生们、朋友们，在以习近平同志为核心的党中央坚强领导下，我们将把保障残疾人权益、促进残疾人全面发展和共同富裕作为使命，努力开创新时代残疾人事业发展的新局面。谢谢。

胡凯红：

谢谢张主席，下面开始提问，提问前请通报所代表的新闻机构。

中央广播电视总台央视记者：

今年是新中国成立 70 周年，请问您怎么看过去 70 年残疾人事业发展的历程，以及取得了哪些成绩？谢谢。

张海迪：

谢谢这位记者朋友。我们对新中国成立 70 周年来残疾人事业发展有太多感慨。新中国成立 70 年来，残疾人事业从无到有、从小到大，不断进步和发展。特别是改革开放以来，残疾人的生活状况不断改善，社会地位显著提高，8500 万残疾人兄弟姐妹得到了越来越多的福祉。中国残疾人事业取得的成就是令世界瞩目的。有三点：

第一，党和国家始终关心残疾人。新中国成立之初百废待兴，党和国家就对残疾人给予了关心和帮助。我查看了中国残疾人事业发展历史，1949 年 12 月，政务院副总理董必武同志到现在的北京第二聋哑学校看望师生，并题词，使聋能听哑能言……不平社会要推翻，后来毛主席为盲人读物命名《盲人月刊》。20 世纪 50 年代新中国就成立了中国盲人福利会和中国聋哑人福利会，为残疾人服务。

第二，残疾人事业在改革开放中发展。改革开放以来，党和国家实施了一系列发展残疾人事业、改善残疾人状况的重大举措，颁布了残疾人保障法，编制实施残疾人事业发展规划，建立了各级政府残疾人工作委员会，成立了各类残疾人的统一组织——中国残疾人联合会及其地方组织。今天，残疾人事业已经发展成为包括康复、教育、就业、扶贫、社会保障、维权、文化、体育、无障碍建设、残疾预防等在内的综合性社会事业。1984年，我参加了中国残疾人福利基金会成立大会。当我看到会标上写着"中国残疾人福利基金会"的时候，我很感慨，禁不住涌出来眼泪。为什么呢？因为此前残疾人是被称作残废人的，当时的残疾军人叫"残废军人"。在这一年，一个字改了，"残废人"成了"残疾人"。一个字的改变，包含了我们对生命的尊重和人们对残疾的重新认识。残疾不是哪一个人的痛苦，它是千万个家庭的痛苦。残疾人事业就是要帮助残疾人解除痛苦。残疾人事业的发展，使残疾人看到了希望。很多人自强自立，成为对社会有用的人。据统计从1991年以来，我们已经表彰过900多名全国自强模范。

第三，新时代残疾人事业成为经济社会发展的重要组成部分。党的十八大以来，以习近平同志为核心的党中央对残疾人格外关心、格外关注。习近平总书记对残疾人事业作出一系列重要论述，要求"2020年全面建成小康社会，残疾人一个也不能少"，强调"中国将进一步发展残疾人事业，促进残疾人全面发展和共同富裕"。近年来，脱贫攻坚行动显著改善了很多残疾人的生活状况，中国残联推动国家建立了困难残疾人生活补贴、重度残疾人的护理补贴、残疾儿童康复补贴等专项福利制度，残疾人基本公共服务也纳入了国家基本公共服务体系，康复、教育、就业、文化体育、无障碍环境建设等公共服务为残疾人创造了更好的条件。全社会都来关心帮助残疾人，越来越多的残疾人实现了梦想，能上学、能就业，特别是很多残疾孩子得到了康复制度的保障，这是我们最高兴的。谢谢。

经济日报记者：

我们注意到中国政府高度重视残疾人权益保障工作，出台了相关法律法规，能否介绍一下中国的残疾人权益保障有哪些自身特点？谢谢。

周长奎：

这些年中国残疾人事业取得了快速发展，我们国家的残疾人权益保障有很多特点，也有很多优势，我简要从五个方面作介绍。

第一，将残疾人事业纳入国家发展战略。从1991年开始，残疾人事业被纳入国民经济和社会发展总体规划，从"十一五"到"十三五"国民经济和社会发展规划中分别设立了"保障残疾人权益""加快残疾人事业发展""提升残疾人服务保障水平"专节。国务院先后颁布了七个残疾人五年发展规划；国家发布加快残疾人小康进程和推动残疾预防、残疾人教育等系列专项规划。从2009年开始施行的三期国家人权行动计划都规定了残疾人权益保障的任务要求和完成指标。

第二，残疾人权益保障进一步法制化。中国已经形成了以《中华人民共和国宪法》为核心，以《中华人民共和国残疾人保障法》为主干，以《残疾预防和残疾人康复条例》《残疾人教育条例》《残疾人就业条例》《无障碍环境建设条例》为重要支撑的残疾人权益保障法律法规体系。截至2018年4月，涉及残疾人权益保障方面的法律共有80多部，行政法规50多部，这些全面保障了残疾人的合法权益。

第三，残疾人的公共法律服务体系优先建设。最高人民法院等九部门联合出台了《关于加强残疾人法律救助工作的意见》，最高人民检察院等部门发布了《关于在检察工作中切实维护残疾人合法权益的意见》，司法部发布了《关于"十三五"加强残疾人公共法律服务的意见》，公安部专门开展了整治针对残疾人的违法犯罪专项行动，这些都为维护残疾人合法权益提供了重要保障。

第四，坚持残疾人权益保障和福利促进、社会发展相结合。各级政府和有关部门在残疾人康复、教育、就业、社会保障、文化体育、便利出行和社会参与等方面，每年都出台新的政策措施，在保障残疾人基本生活的同时加强公共服务。比如各级财政大幅增加投入，2013—2017年各级财政专门用于残疾人事业的资金投入超过了1800亿元，比上一个五年增长了123%。

第五，刚才张海迪主席专门介绍了残疾人的工作体制机制逐步健全，在推进残疾人事业的工作实践中，形成了党委领导、政府负责、社会参与、残疾人组织充分发挥作用的中国残疾人工作体制机制。成立了国务院残工委，办公室设在中国残联。全国县以上都成立了残疾人工作委员会。中国残联和地方各级残联充分发挥"代表、服务、管理"的职能，成为党和政府联系残疾人的桥梁和纽带。特别是全国还有6200多个助残社会组织和各级各类群众团体、慈善组织、志愿服务机构都一道为残疾人提供帮助和服务，共同形成了发展残疾人事业的合力。

我简要作这些介绍。

中国新闻社记者：

明年是2020年了，刚才提到"全面建成小康社会，残疾人一个也不能少"，这个目标能如期实现吗？谢谢。

程凯：

这是一个很多残疾人和残疾人亲属都十分关心的现实问题。我想用三句话来作一说明。

第一句话，残疾人小康进程已经取得了决定性进展。党的十八大以来，加强和改善民生成为各级党委政府工作的主题主线。党中央、国务院高度重视残疾人的民生改善，特别是在推进残疾人小康进程过程中采取了一系列决策部署，国务院先后出台了《关于加快残疾人小康进程的意见》和《"十三五"加快残疾人小康进程规划纲要》等重要政策文件，同时配套实施了贫困残疾人脱贫攻坚、残疾预防、特殊教育等专项行动计划。各级政府加大了针对残疾人的民生改善的投入，按照普惠、优惠+特惠相结合的原则在残疾人基本生活保障、医疗、康复、教育、就业、文化、体育等方面出台了一系列的配套措施和具体办法。从一系列监测情况看，残疾人小康进程总体比预期的还要好。尤其是贫困残疾人脱贫解困、残疾人的社会保障、康复、教育、就业等基本民生服务和公共服务方面均取得了历史性的突破，残疾人生存发展状况也有了显著改善。白皮书里面有很多翔实的数据和资料，相信大家也都看到了。

第二句话，残疾人是否实现小康是有衡量标准的。这个标准是什么呢？按照国家"十三五"规划一系列民生保障的安排和基本公共服务推动的进程，国务院印发的《"十三五"加快残疾人小康规划纲要》也设定了十项残疾人小康进程的主要指标。去年，我们按照国务院残工委的统一部署，通过第三方等专业机构评估对残疾人小康的进展和实现情况做了全面评估。从评估情况看，规划实施包括十项指标的实现是良好的，绝大部分指标实现了时间过半、任务过半，有的指标比如残疾人困难生活补贴和重度残疾人护理补贴覆盖率提前实现了"十三五"目标，这两项补贴的覆盖率去年实现了100%。当然还有个别指标还没有完全实现预期的阶段性目标，需要加快推进。当前我们正会同有关部门进一步研究加快残疾人小康进程相关措施。前天下午，国务院残工委办公室专门召开了国务院残工委各成员单位的联络员会议，共同分析残疾人小康进程中存在的突出短板，共同研究采取更有效措施，争取在未来一年半时间加快推进，确保任务目标的全面实现。

第三句话，要正确认识全面建成小康社会兜底补短的问题。农村建档立卡贫困人口全部脱贫，是全面建成小康社会的标志性指标。全面建成小康社会从人群上来看，补短板主要是解决老弱病残等贫困人口的突出困难和问题。其中，贫困残疾人一直是党中央、国务院格外关心、格外关注的特殊困难人群。习近平总书记强调，在打赢脱贫攻坚战中，要把贫困残疾人、老年人、长期患病等作为群体攻坚的重点。去年，党中央、国务院印发的《关于打赢脱贫攻坚战三年行动的指导意见》更是把贫困残疾人脱贫行动作为专门一节，提出了七个方面的政策措施予以加快推进，确保到2020年，贫困残疾人和全国人民一道全面进入小康社会。实施精准扶贫、精准脱贫方略以来，中国政府将600多万农村残疾人纳入建档立卡贫困人口范围，建档立卡贫困残疾人的人数，在2015年实施精准扶贫前大约有600多万，截至去年年底，纳入建档立卡贫困人口中的贫困残疾人已经减少到170万左右，大致一年减少100多万，取得这样的脱贫成效相当不容易。贫困残疾人脱贫的难度较一般人口难度更大。今明两年，我们要进一步加大保障性扶贫的力度，兜底保障也是其中一个重要内容。我们不仅要努力让建档立卡的贫困残疾人脱贫，还要努力让他们解困，努力解决好这些特殊困难的残疾人面临的特殊困难，保证他们如期摆脱贫困，确保一个人不掉队。

当然，对残疾人实现小康目标的认识，我们既要放在国家全面建成小康社会的总体目标下考量，同时还要放在国家确定的现行脱贫标准下来评价。既不能超越国情，也不能降低标准。按照这样的思路，我们既要看小康指标完成的进度，更要充分考虑残疾人特别是贫困残疾人实际生活状况的改善和现实的获得感。

中央广播电视总台国广记者：

张海迪主席，能不能从自己的经历谈谈新中国成立以来特别是改革开放以来残疾人事业取得的进展？

张海迪：

这是一个非常好的问题。我作为残疾人，作为残疾人工作者，对这件事情有非常多的感想。我今年64岁，可以说我见证了新中国残疾人事业的发展和巨大的变化。我是5岁残疾的，我想上学，我母亲曾经背着我去过好几所学校见校长。那是60年代，校长、老师都对我很好，对我非常亲切，有的老师摸着我的头发说"这是一个多么好的孩子"，但是他们都说"对不起，我们不招收残废的孩子。"那个时候很多像我一样的残疾孩子都没有进过学校，我见过很多这样的残疾人兄弟姐妹。这是50多年前的事情了。今天中国残疾人事业特别重视残疾儿童接受教育的问题,我们帮助残疾孩子上学,并且帮助他们到普通学校上学,一定要想办法让他们逐步融入到健康孩子们中,让他们上普通小学,接受和健康孩子一样的教育。这不仅仅是作为残疾人工作者的愿望,也是他们的爸爸、妈妈、爷爷、奶奶的愿望,我们一定要努力帮助残疾孩子从小就能够接受好的教育。

对于重度残疾人,比如不能出门的孩子,我们就动员志愿者送教上门,只要他们有意愿就要帮助他们。中国残联和教育部2015年实施了高考便利措施,很多记者朋友可能都知道,就是为更多的残疾青年上大学创造条件,比如不同类别的残疾考生要考大学,盲人可以使用大字版或者盲文试卷,肢体残疾的可以携带自制的桌椅去考试。用脚写字的考生可以申请延长考试时间,延长30-40分钟。有一个没有双臂的孩子通过高考便利措施,考了603分,被四川大学录取,我们真为这样有志气的孩子高兴。这也是良好的开端,相信我们的努力一定能够使更多孩子受到更好的教育甚至是高等教育。现在每年有近万名残疾学生进入高等学校学习。多少年前,这都是梦想,今天我们把梦想变成了现实。相信将来会有更多孩子都能像健康孩子一样,没有障碍的去读书,小学、中学、大学。

我的少女时代没有见过轮椅。15岁下乡的时候是村里的木匠大叔为我做了一个木轮椅,在一个椅子下面钉了四个小轮子。村里的孩子们推我来到绿色的田野上，我看到了蓝天和灿烂的阳光，那一切真的很难忘。这是40多年的事了，当时很多残疾人都和我一样没有见过轮椅，更不要说拥有轮椅。

而今天残疾人事业不断发展，我们为残疾人创造更多的可能性。比如，残疾人能够定制轮椅、适配人工耳蜗等，这样的工作已经成为各级残联康复工作中的重要内容，辅助器具的生产研发越来越人性化，比如我们提出轮椅不要都做一样的，一定要个性化、人性化，男性的、女性的、孩子的，辅助器具消除了一些残疾人因为残疾而自卑或者产生其他的情绪，缓解了心理压力。还有各种各样的电动轮椅和高科技产品，为残疾人的生活带来便利。一个人身体部分残疾并不意味着他失去所有的能力，残疾人具有很大潜力，这些年我们看到很多残疾人创造了生活的奇迹。就像我刚才说的一样，这些年已经有900多位自强模范，自强模范都是创造了生活奇迹的人，他们把生活中的不可能变成可能，他们以自强不息的精神、勇敢的精神创造着一切。我们要努力帮助残疾人实现他们的愿望。

十几年前残疾人驾驶汽车还是梦想。最近我看了一个数据非常高兴。现在全国已经有27.9万残疾人考取了驾驶执照，梦想变成了现实。谢谢大家对残疾人事业的支持，感谢我们党和政府对残疾人的特别关心、特别关注。

张海迪：

青年时代，我就开始感受到残疾人生活的变化。一个重要的标志就是变"残废人"的称呼为"残疾人"。1981年联合国确定国际残疾人年，它的目标是希望消除对残疾人的歧视和偏见，促进残疾人平等、参与、共享，这就促使我们对残疾人有一种新的认识，认识残疾人的权利、价值和尊严，他们应该与健康人一样享有生活中的一切。政府相关部门建议在我国宪法上应有关怀残疾人的条款。这一年，我正式参加了工作，此前很多残疾人就业都存在一些障碍，当然现在还有障碍。我说的已经是30多年前的事情，今天据不完全统计，城乡持证残疾人，持有中华人民共和国残疾人证的残疾人的就业人数达到900多万。这些年在各种表彰大会上都能看到残疾奋斗者的身影，他们当中有全国劳动模范、中国青年五四奖章获得者、全国三八红旗手、解放军英模、全国自强模范，等等，他们的事迹深深感染着我们，也激励着全社会。

现在各级人大代表、政协委员中有5000多人是残疾人、残疾人亲友和残疾人工作者，他们积极参政议政、建言献策，为残疾人事业发展做出了贡献。我自己担任了20多年的全国政协委员，到现在还担任了三届全国政协常委。11年前我从山东省作家协会到中国残联工作，这些年我去过很多农村和偏远的地方调研，去年我去了内蒙古、新疆，此前还去过青海，我去很多残疾人家庭看望并和同事进行工作调研，我真切地看到了各级党委、政府对残疾人工作的重视，按照习近平总书记的要求大家都在努力为残疾人创造更好的生活。我看到残疾人事业的发展为残疾人带来了很多福祉。比如有的残疾人住进了新房，有的残疾人生活得到了保障，有的残疾人免费安装了假肢，撑起了一个家。我也看到残疾人家庭还有太多困难需要我们解决，特别是贫困残疾人的脱贫、还有康复，这都是迫切需要解决的问题。

不久前，康复大学已经开始筹建，它一定会给残疾人带来康复希望。我们要努力实现习近平总书记要求的"全面建成小康社会，残疾人一个也不能少"的目标。习近平总书记还提出"残疾人人人享有康复服务"的目标，大家都要使劲工作，努力奋斗，作为残疾人工作者我们更要以赤子之心、高擎着火把，为残疾人照亮生活的道路。谢谢。

新华社记者：

在新时代中国残疾人事业发展的态势怎么样？

周长奎：

我来回答这位记者的提问。党的十八大以来，在以习近平同志为核心的党中央坚强领导下，党和国家各项事业都取得了全方位、开创性成就，也发生了深层次、根本性变革。伴随着国家发展新的进程，中国残疾人事业也取得了历史性成就。党中央坚持以人民为中心的发展思想，对残疾人格外关心、格外关注。特别是明确提出了"全面建成小康社会，残疾人一个也不能少"这样一个目标，为提升残疾人的幸福感、获得感、安全感采取了很多重要措施。比较突出的有几个方面：

一是残疾人社会保障建设力度前所未有。刚才海迪主席介绍在短短的几年里，在国家层面就建立起了覆盖几千万残疾人口，包含生活补贴、护理补贴、儿童康复补贴等内容的残疾人专项福利制度。应当讲，建成这些全国性制度是非常不容易的。

二是农村贫困残疾人脱贫攻坚的力度前所未有。在全国范围内将数百万农村贫困残疾人作为打赢脱贫攻坚战的重点人群，精准施策，特别扶助，集中解决因残致贫的问题。

三是残疾人基本公共服务建设力度前所未有。国家已经出台的两个基本公共服务专项规划当中都把残疾人基本公共服务专列一章予以强调，残疾人基本生活、保障和服务水平都有了显著提升。

四是对残疾人健康的关注前所未有。在实施"健康中国"战略中高度重视和关注每个残疾人的健康问题，实施残疾预防行动计划，加快实现残疾人"人人享有康复服务"的目标。

五是残疾人平等参与全面融合的前进步伐前所未有。国家各行各业，社会各个方面都在努力消除障碍，越来越多的残疾人接受更好的教育，实现就业创业、平等参与社会。

这些方面都体现了我们国家在新时代推动残疾人事业发展的显著进步。当然我们也要看到，中国残疾人事业发展仍然不平衡、不充分，残疾人的生活状况与残疾人对美好生活的期待相比依然还存在较大差距，反对基于残疾的歧视依然任重道远。充分保障残疾人平等权益、促进残疾人全面发展和共同富裕，仍然需要国家和社会层面一道共同努力。谢谢。

中国日报记者：

发布人是否能够详细介绍一下中国在推动国际残疾人事务发展方面做了哪些具体工作？

张海迪：

这是近年来进步很大的工作。改革开放以来，中国残疾人事业取得很大成就，赢得了国际社会的普遍赞誉。我们积极参与和推动国际残疾人事务发展，中国是《联合国残疾人权利公约》的积极倡导者和参与者，是第一批签署并且加入《公约》的国家，我们积极推动将残疾人事务纳入《联合国2030年可持续发展议程》，开展"一带一路"残疾人领域合作，促成了亚太经合组织、亚欧会议和中非合作论坛框架下残疾人事务的合作机制，我们首倡发起"亚太残疾人十年"活动，推动残疾人事务在区域合作中不断进步。2017年，第三个"亚太残疾人十年"中期审查高级别政府间会议在北京召开，会议开得非常成功。国家主席习近平和联合国秘书长古特雷斯都发来贺信。

我们积极参与和承办有关的国际残疾人会议和活动，成功承办了2007年上海特奥会、2008年北京残奥会、2010年广州亚残运会，中国残疾人体育代表团更是蝉联夏季残奥会的金牌榜和奖牌榜的"四联冠"。平昌冬残奥会上也实现了金牌零的突破。中国残疾人艺术团已经出访过100多个国家和地区，被联合国教科文组织授予"联合国教科文组织和平艺术家"称号。这些年，中国残联与联合国、有关国际组织、一些国家和地区开展友好交流与合作，参加联合国社发大会、人权理事会、社会论坛、《残疾人权利公约》缔约国大会等等，与欧盟和俄罗斯、美国、澳大利亚等国家开展了机制性交流，向国际社会宣传中国残疾人权益保障的成就和经验，得到了国际社会的积极评价。

2003年，时任中国残疾人联合会主席邓朴方先生获得"联合国人权奖"。2014年，我赴波兰华沙参加康复国际主席竞选，当选候任主席。康复国际是一个有着近百年历史的组织，它在国际残疾人事务中有着广泛影响力。大家看到的无障碍设施标志，就是这个组织贡献给世界的。我能当选和连任康复国际主席，是各国代表对中国残疾人事业发展进步的认可。2016年，中国举办纪念《残疾人权利公约》通过十周年大会，时任联合国秘书长潘基文出席，对我国人权保障给予了高度评价。不久前第73届联合国大会主席埃斯皮诺萨女士和第74届联大候任主席班迪分别到中国残联访问，对中国在保障残疾人权益、发展残疾人事业方面取得的成就表示高度赞赏。谢谢你的问题。

胡凯红：

今天发布会到此结束,谢谢张海迪主席,谢谢周长奎理事长、谢谢程凯副理事长,谢谢各位媒体朋友。再见。

后 记

正值新中国成立70周年之际,国务院新闻办公室于2019年7月25日发表了《平等、参与、共享:新中国残疾人权益保障70年》白皮书,从残疾人事业发展历程、残疾人权益保障机制、健康与康复、特殊教育与融合教育、就业与创业、基本生活与社会保障、无障碍环境建设与个人行动能力、人身自由与非歧视、营造良好社会环境、对外交流与国际合作这10个方面,全面系统地介绍了新中国成立70年来残疾人事业所取得的举世瞩目的历史性成就。新中国残疾人事业70年的发展,不仅使广大残疾人的生活面貌发生了翻天覆地的变化,而且走出了一条适合中国国情、具有中国特色的残疾人事业发展道路,残疾人事业已经逐步成为党和国家发展战略的组成部分。特别是党的十八大以来,我们真切感受到以习近平同志为核心的党中央对残疾人的格外关心、格外关注。党和国家始终坚持以人民为中心,尊重残疾人的意愿,保障残疾人的权利,注重残疾人的社会参与,推动残疾人真正成为经济社会发展的参与者、贡献者和享有者。

为了全面系统理解这部白皮书的内涵,我们邀请了国内的权威专家第一时间深入解读白皮书,一方面,让公众更好地了解党和政府在发展残疾人事业、保障残疾人权益，以及促进新时代残疾人事业成为中国特色社会主义事业"四个全面"战略布局和"五位一体"总体布局中的重要内容方面的决心与意志；另一方面，通过对白皮书中的重点和亮点内容进行深入具体的解读，用翔实权威的数据、鲜活生动的事例来说明中国残疾人事业发展所取得的举世瞩目的历史性成就，说明中国残疾人事业如何结合中国的现实国情和文化传统，针对残疾人事业跨部门、多领域、业务广泛、综合性强的特点，在推进残疾人事业的工作实践中，形成了党委领导、政府负责、社会参与、残疾人组织充分发挥作用的残疾人工作体制，走出了一条中国特色残疾人事业发展的道路，从而让公众更直观、更具体地了解、关注、支持残疾人和残疾人事业。

本书能够在白皮书发表后短短一个多月的时间里出版，我们要特别感谢中国残联宣文部郭利群主任、王宏伟副主任与中宣部宣传处李晓军处长的积极支持。衷心感谢杨立雄、厉才茂、王治江、宋新明、丁勇、赖德胜、谢琼、张东旺、张万洪、刘逸君、葛忠明等专家学者（排名按目录顺序）积极参与撰写本书第二部分白皮书解读的内容。

因为编写时间比较仓促，本书中还存在不尽如人意的地方，敬请读者批评指正，提出宝贵的意见和建议。